Der kleine TASTENKÖNIG

Eine „königliche" Melodikaschule
für Kinder im Vor- und Grundschulalter

Karin Schuh
Sieglinde Strobel

Illustrationen: Sissi Katefidis

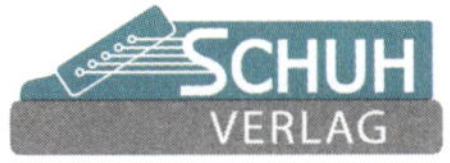

Liebe Eltern,

die Melodika ist ein geeignetes Instrument für Ihre(n) kleine(n) „Tastenkönig(in)".
Der Anfang auf Tasten ist – mit einer Hand – relativ einfach und die Kinder machen schnell Fortschritte. Damit aber auch die linke Hand bald in Bewegung kommt, empfehlen wir, nach einer ca. einjährigen Ausbildung mit der Melodika auf ein anderes Tasteninstrument umzusteigen.
Kleine Übungen zur Beweglichkeit beider Hände finden sich in diesem Lehrwerk in Finger-, Klatsch- und Trommelübungen.
Um die rhythmische Sicherheit Ihres Kindes zu schulen, sind zwischen den Tastenspielseiten immer wieder Rhythmusübungen eingefügt. Hier dürfen die Kinder auf Trommeln, Hölzern und anderen Schlaginstrumenten spielen und sich dazu frei im Raum bewegen.
Es ist wichtig, dass die Kinder die Notenwerte nicht nur auf den Tasten spielen, sondern mit ihrem ganzen Körper erleben. Spielideen mit einem Partner oder der ganzen Gruppe machen den modernen Melodikaunterricht zu einem „bewegten" Musiklernen.

Gemeinsam Musizieren macht Spaß!
Wenn Sie oder die Lehrkraft die Möglichkeit haben, begleiten Sie das Spiel Ihres Kindes mit einem Instrument. Auch kleine musikalische Darbietungen im Familienkreis sind eine große Bereicherung. Sie machen Freude und motivieren Ihr Kind zum Üben.
Die kleinen Anleitungen fürs Kind sind zum Vorlesen und Wiederholen der Lerninhalte gedacht.

Apropos Üben:
Der kleine Tastenkönig liebt die Musik, aber auch er mag nicht jeden Tag auf seinem Instrument üben. Manche Stücke und Lieder machen ihm richtig Spaß, andere hingegen mag er nicht so sehr. So ist es auch bei Ihrem Kind.
Ab und zu mal ans Üben erinnert werden ist gut, aber vermeiden Sie, Ihr Kind ständig dazu zu drängen. Freuen Sie sich mit ihm über die ersten gelungenen Töne und loben Sie die kleinen Fortschritte immer mal wieder. Vielleicht freuen sich auch die Großeltern oder eine Tante über ein paar Melodikatöne durchs Telefon ...

Wir wünschen Ihrem Kind und Ihnen eine schöne musikalische Zeit und viel Freude mit diesem Büchlein, das zum Spielen, Betrachten, Vorlesen und Erzählen einlädt.

Karin Schuh
Sieglinde Strobel

Hallo, liebes Musikkind,

und herzlich willkommen
in meiner königlichen Melodikaschule!

Ich, der kleine Tastenkönig, liebe es, Melodika zu spielen. Deshalb lernen auch alle Kinder in meinem Königreich Tastilien auf diesem kleinen, aber feinen Instrument Musik zu machen. Die Kinder und ich sind zwar klein, aber auf unserem Instrument sind wir ganz große Klasse.
Ich freue mich, dass auch du mit uns zusammen musizieren möchtest.

In kleinen, einfachen Schritten zeige ich dir, wie du schon bald schöne Lieder und Melodien spielen kannst und eine Menge Spaß dabei hast. Selbstverständlich lernst du auch die Notenschrift kennen.
Und dann gibt es noch den Rhythmus, der bei jedem Lied verschieden ist – es ist zwar ein schwieriges Wort, aber was es bedeutet, damit kommst du sicher sehr schnell klar. Mein königliches Ehrenwort!

Die Erklärungen in deinem Spielbuch lesen deine Eltern mit dir zusammen und wer weiß, vielleicht haben sie sogar Lust, auch mal ein paar königliche Tastentöne zu spielen!

Ich wünsche dir nun viel Freude und Erfolg beim Musizieren, Lernen und Entdecken.

Mit königlich-klingendem Gruß

Der kleine Tastenkönig

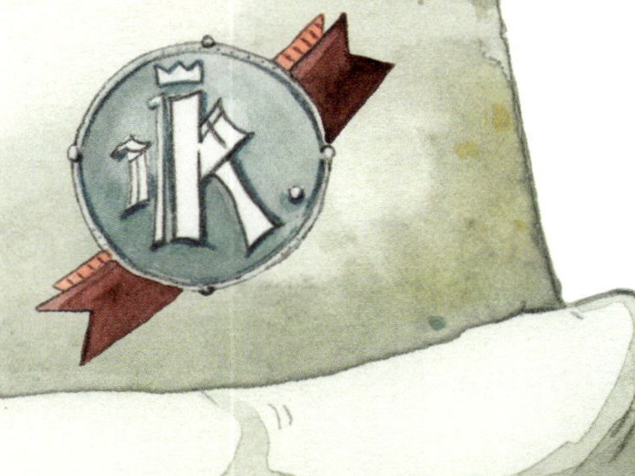

Instrumenten-Pflege

Deine Melodika ist ein Tasteninstrument und ein Blasinstrument, denn du spielst auf den schwarzen und weißen Tasten und musst gleichzeitig hineinblasen, damit ein Ton erklingt.

Damit deine Melodika immer schön klingt, behandle und pflege sie so:

Vor dem Spielen

- Drücke den Wasserknopf auf der Rückseite und blase deinen warmen Atem durch das Instrument.
  So bekommt es die richtige Temperatur, denn die Stimmzungen im Innern mögen es schön warm.
- Wenn du gerade etwas gegessen hast, dann spüle kurz den Mund mit Wasser aus.
  So kommen keine Speisereste hinein, die die Stimmzungen verkleben könnten.

Während dem Spiel

- Blase nicht zu stark, sonst können die Metallplättchen nicht gleichmäßig schwingen und es gibt unsaubere Töne.
- Wenn du länger spielst, dann drücke zwischendurch mal den Wasserknopf und blase fest durch. So kommt das Kondenswasser (das sind die Wassertröpfchen, aus denen deine Atemluft besteht) wieder heraus.

Nach dem Spielen

- Wasserknopf drücken und durchblasen (eventuell ein Taschentuch darunter halten).
- Lass dein Instrument noch etwas liegen. An der Luft kann es austrocknen.
  Lege die Melodika dann wieder in die Tasche zurück, damit sie vor Staub und Schmutz geschützt ist.

Und so hältst du deine Melodika richtig:

Linda ist 5 Jahre alt. Sie spielt schon sehr schön auf ihrer Melodika und sie zeigt dir, wie du dein Instrument richtig hältst: Greife mit der linken Hand in die Lasche auf der Rückseite des Instruments. Lege die Finger der rechten Hand auf die Tasten, dass dein Handgelenk gerade bleibt. Den Ellbogen etwas anheben, dann liegen die Finger sehr gut.

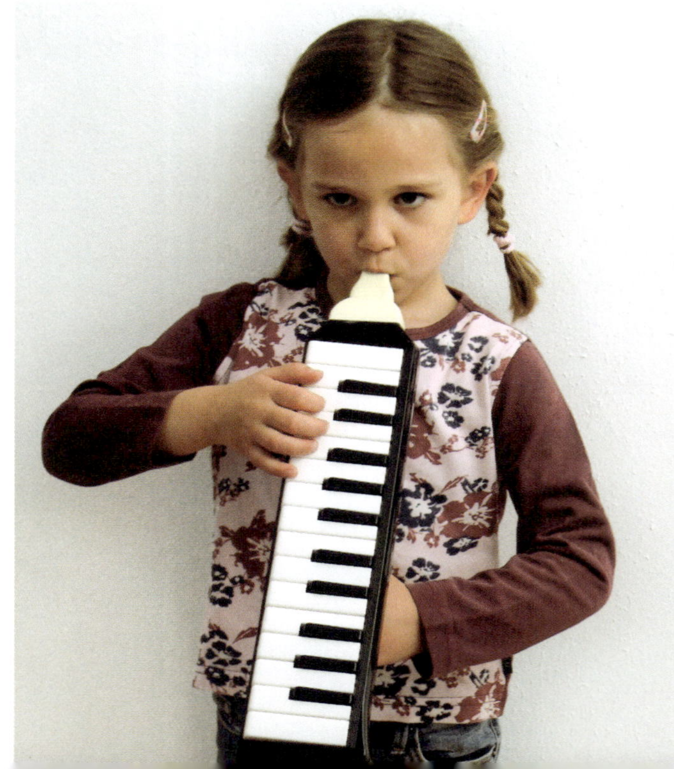

Wie sieht es im Innern der Melodika aus?

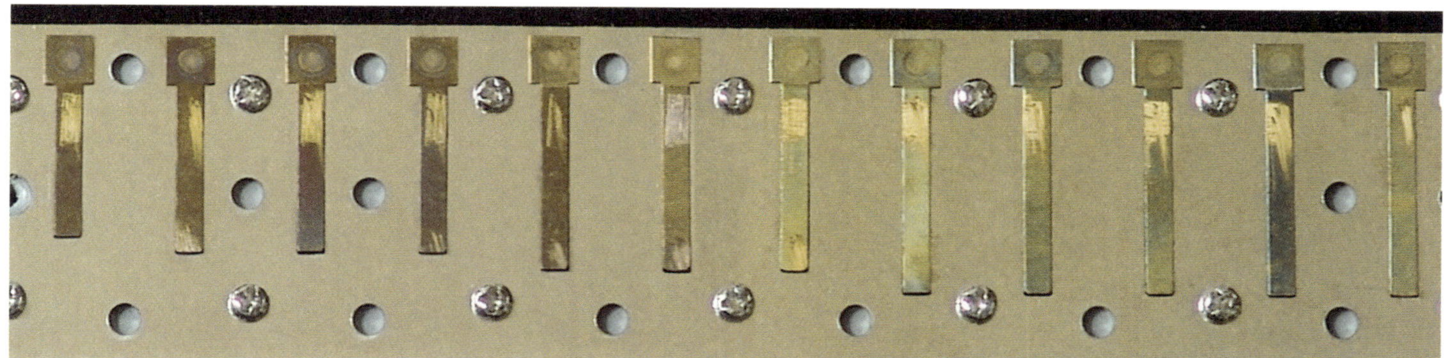

In der Melodika kannst du kleine Plättchen aus Metall in unterschiedlicher Länge entdecken – ein richtiges kleines Glockenspiel! Diese Klangplättchen werden bei der Melodika Stimmzungen genannt.

Wie funktioniert die Melodika?

Kleiner Versuch:
Blase kräftig auf die Klangplatten eines Glockenspiels! Was hörst du?

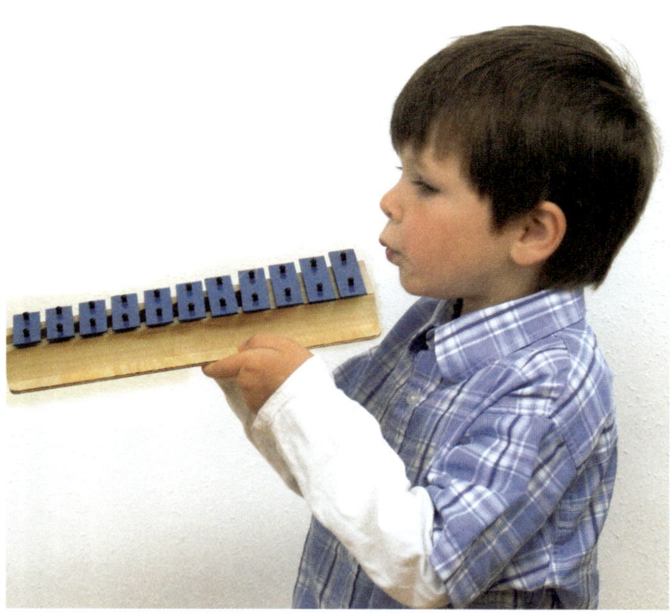

Die Luft, die du hineinbläst, bringt die Stimmzungen in der Melodika zum Schwingen und Klingen.

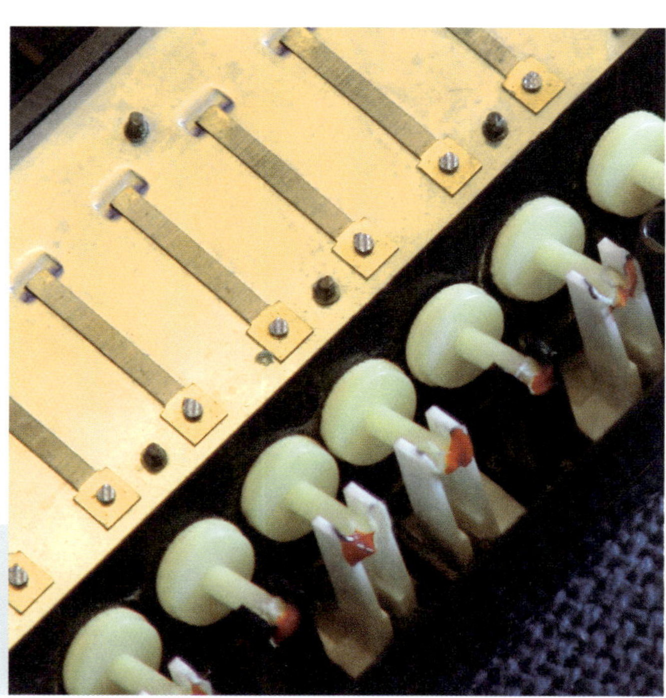

Was deine Puste alles kann

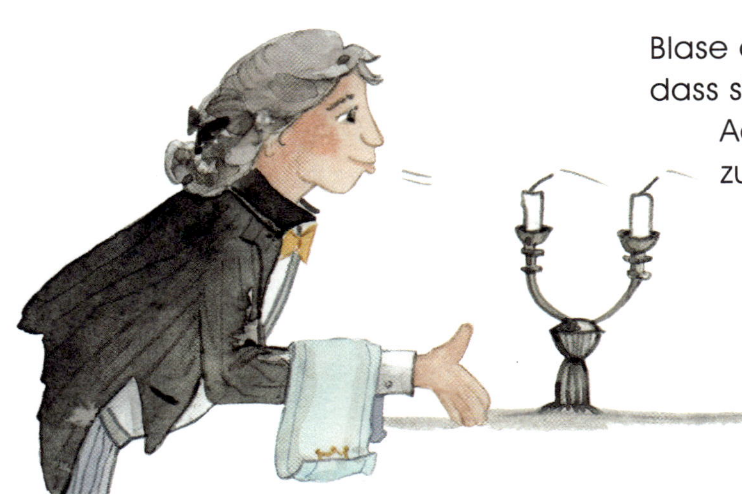

Blase die Flamme einer Kerze so vorsichtig an, dass sie zwar flackert, aber nicht erlischt.
Achtung! Nur mit einem Erwachsenen zusammen ausprobieren!

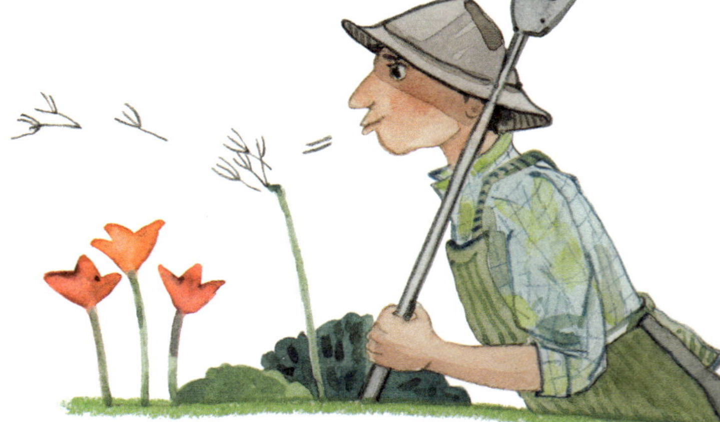

Löwenzahnpusten

So spielst du schöne Melodikatöne

Das Dü-Federchen

Bisher hast du deinen Atem aus deinem Mund strömen lassen. Nun wollen wir gemeinsam ein anderes Atemspiel ausprobieren. Dazu brauchst du eine kleine Feder.

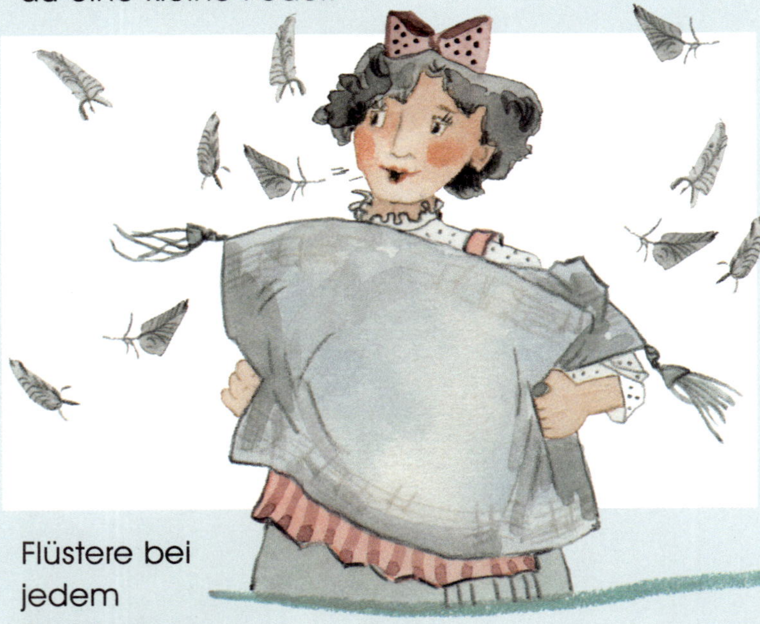

Flüstere bei jedem Ausatmen ein „dü" und puste die Feder von deiner Hand. Blase behutsam und gleichmäßig dein „dü" – es ist das Zauberwörtchen, mit dem du schöne Melodikatöne spielen kannst.

Wenn du mit einem Strohhalm vorsichtig auf einen Berg mit Mehl bläst, entsteht ein kleiner Vulkankrater.

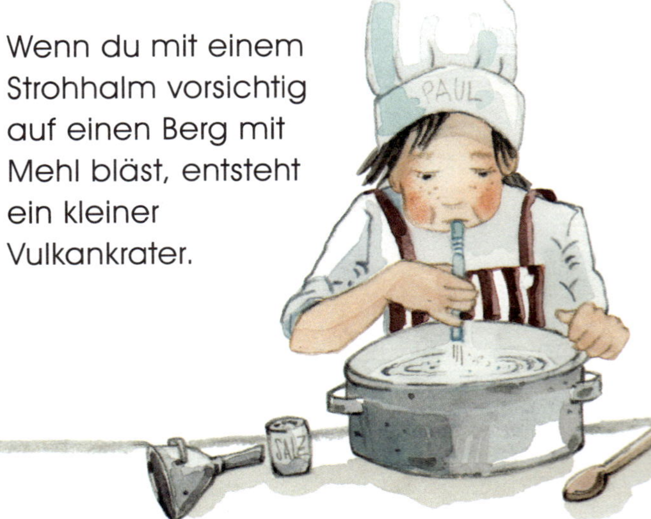

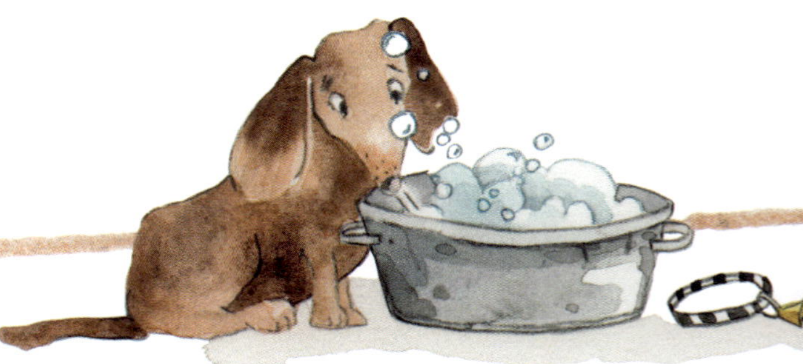

Eine ganze Schüssel voller Seifenblasen kannst du zaubern, wenn du kräftig mit einem Strohhalm in die Seifenlauge pustest.

Schau mal deine Finger, das sind tolle Dinger ...

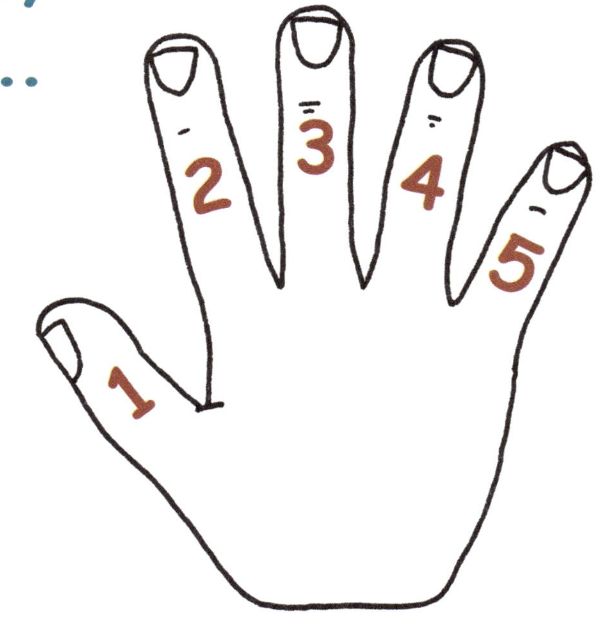

Für dein Finger-Fitness-Training findest du hier ein paar Übungen. Probier sie gleich mal aus! Hast du selbst noch Ideen dazu?

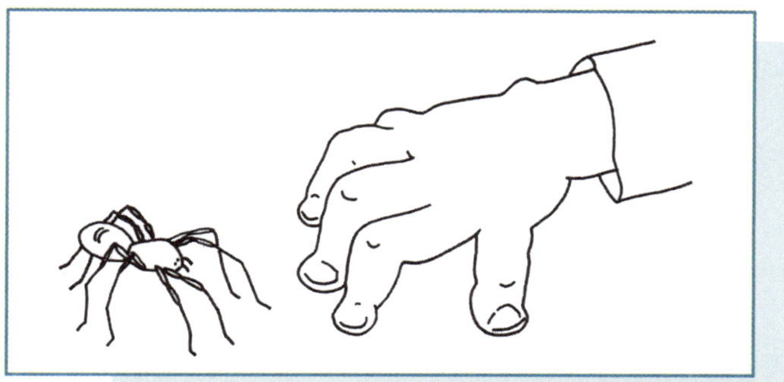

Spinnenbeine
Deine Finger bewegen sich wie Spinnenbeine vorwärts, rückwärts und seitwärts.

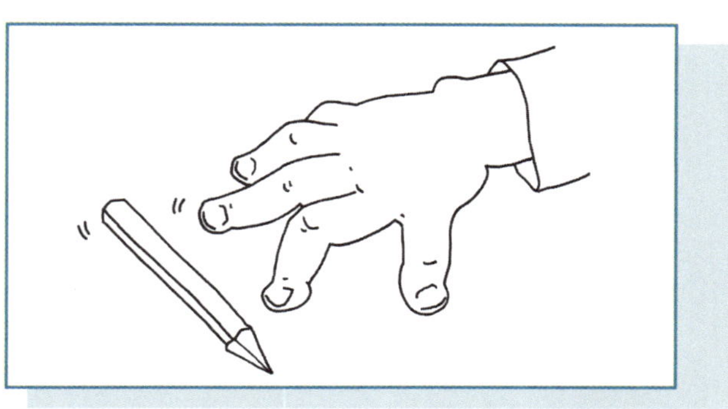

Stift-Übung
Lege einen Stift auf den Tisch.
Schubse ihn mit einzelnen Fingern so weit wie möglich.

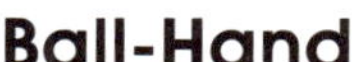

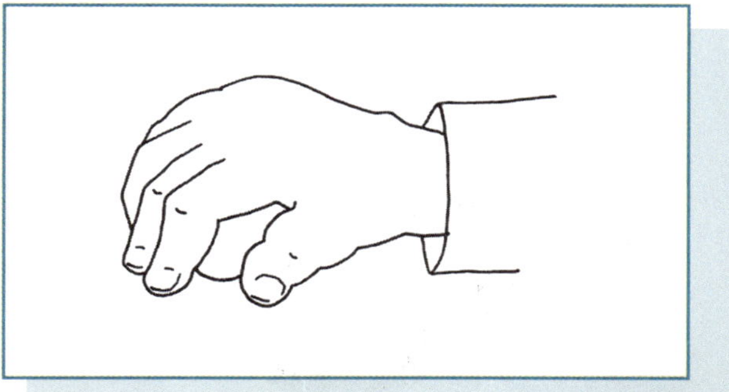

Ball-Hand
Lege unter deine Hand einen kleinen Ball.
Spüre die Spannung in deiner Handhöhle.
Mit dieser Handhaltung spielst du auf den Tasten, also mit runden Fingern.

Dein erster Tastenspaziergang

Deine Melodika liegt vor dir auf dem Tisch. Drücke zunächst die schwarzen, dann die weißen Tasten. Merkst du einen Unterschied?
Probiere das gleich mit verschiedenen Fingern:
dem Daumen, dem Zeigefinger, dem Mittelfinger, dem Ringfinger und sogar mit **dem kleinen Finger.** Auch die Finger deiner linken Hand dürfen mal auf den Tasten herumspazieren.

Ein Königstipp:
Mache runde Finger wie bei der Ball-Hand und drücke die Tasten mit deinen Fingerspitzen!

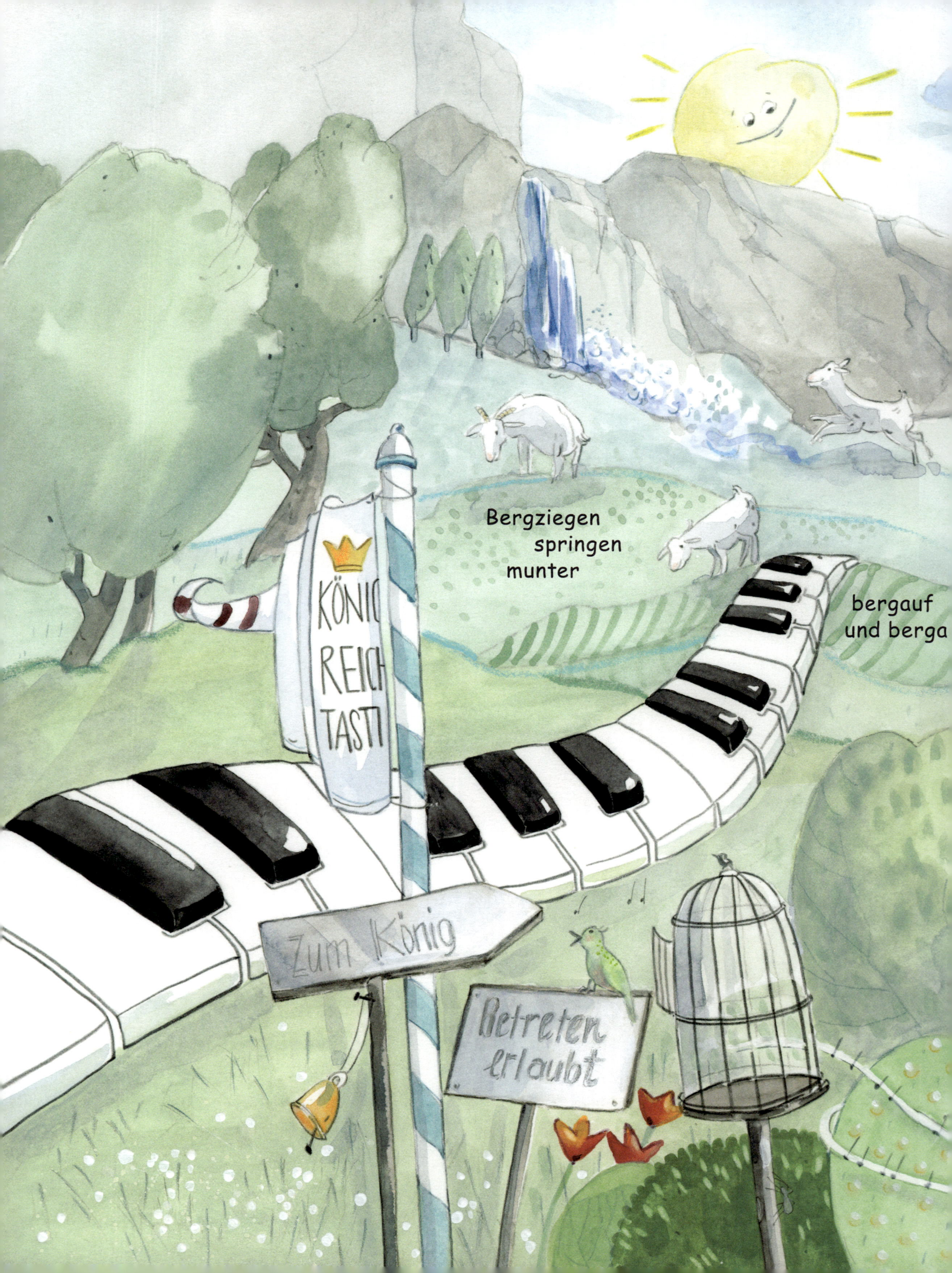

Bergziegen springen munter

bergauf und berga

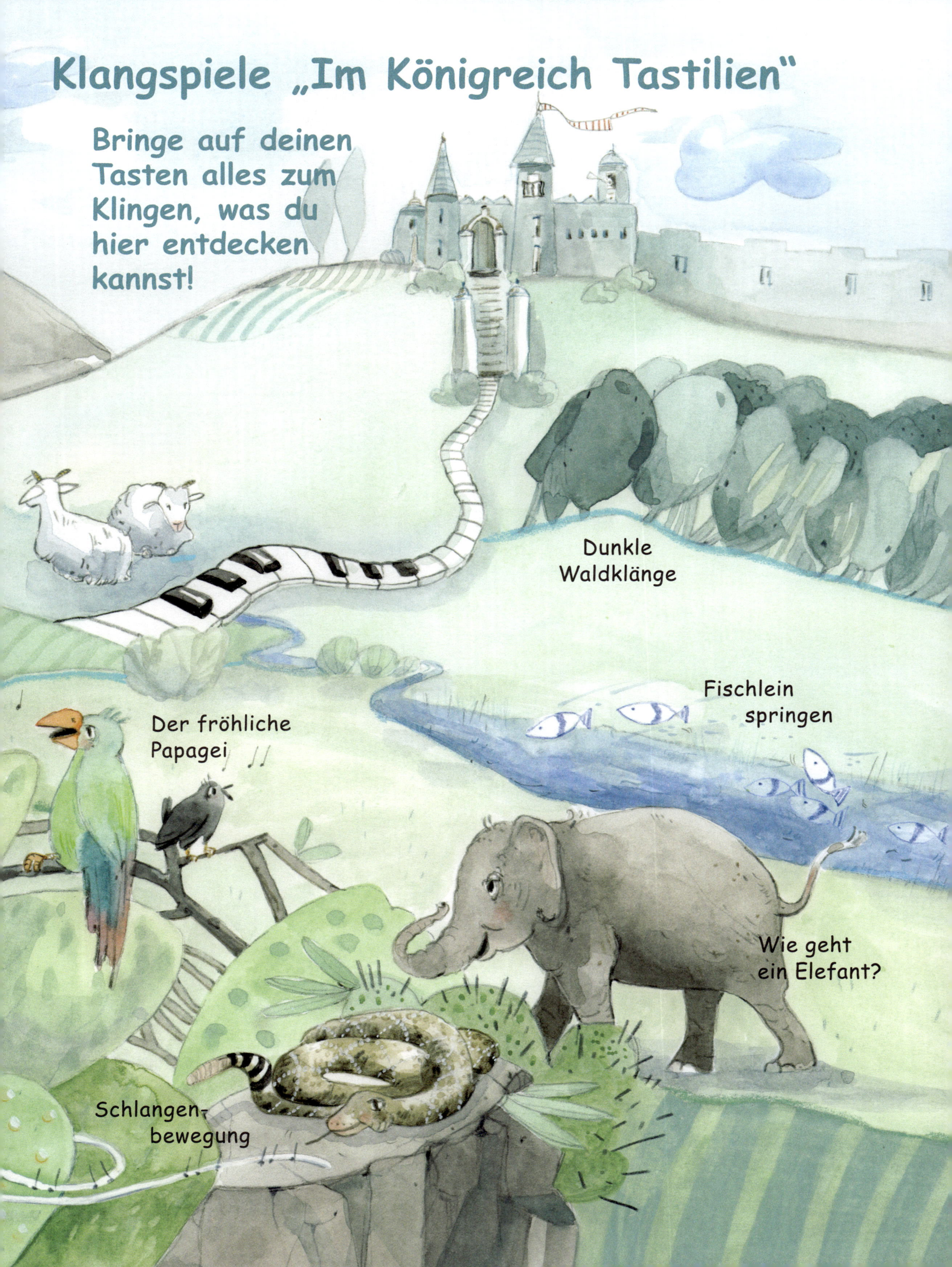
Klangspiele „Im Königreich Tastilien"
Bringe auf deinen Tasten alles zum Klingen, was du hier entdecken kannst!
Dunkle Waldklänge
Fischlein springen
Der fröhliche Papagei
Wie geht ein Elefant?
Schlangen-bewegung

Schwarze und weiße Tasten

Lege dein Instrument auf den Tisch und betrachte es.
Du siehst, dass die weißen Tasten ohne Lücke angeordnet sind, aber bei den schwarzen Tasten fehlt an manchen Stellen etwas. Keine Sorge, den Instrumentenherstellern ist hier kein Fehler passiert, sondern das ist bei allen Tasteninstrumenten so. Auch beim Akkordeon, beim Klavier, bei der Kirchenorgel oder den Keyboards sind die schwarzen Tasten in Gruppen angeordnet.
Zähle die Tasten der Gruppen! Fällt dir dabei etwas auf?

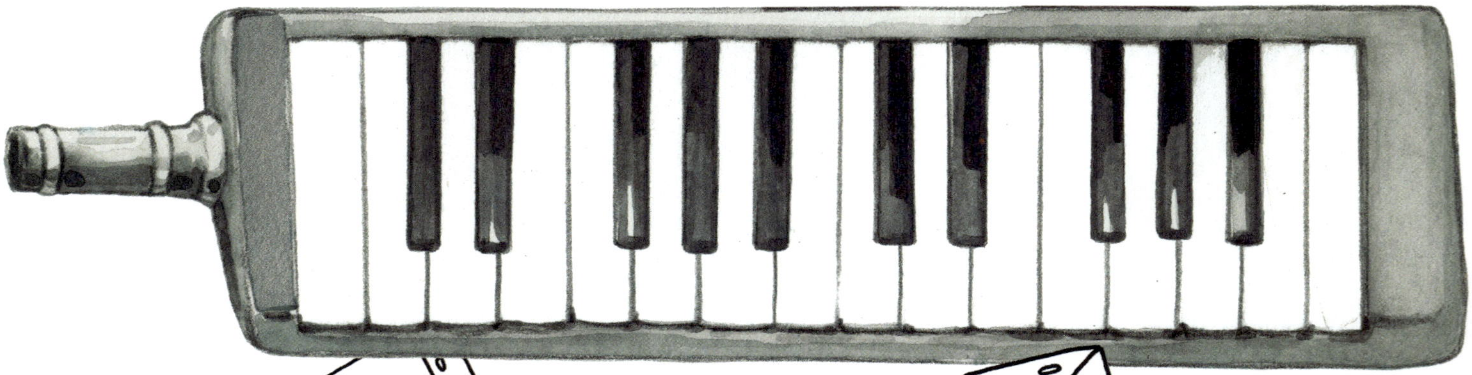

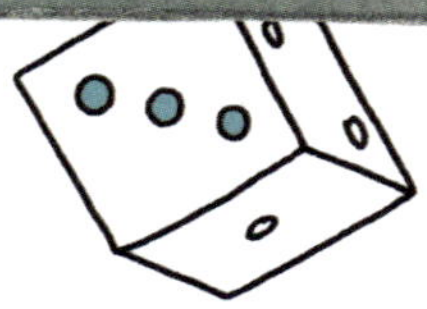

Richtig!

Es gibt **Zweier- und Dreiergruppen.**
Diese Zahlen sind dir schon lange vertraut.

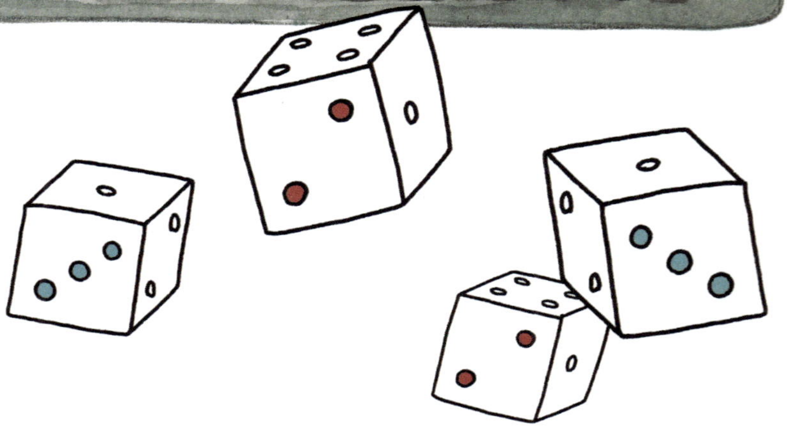

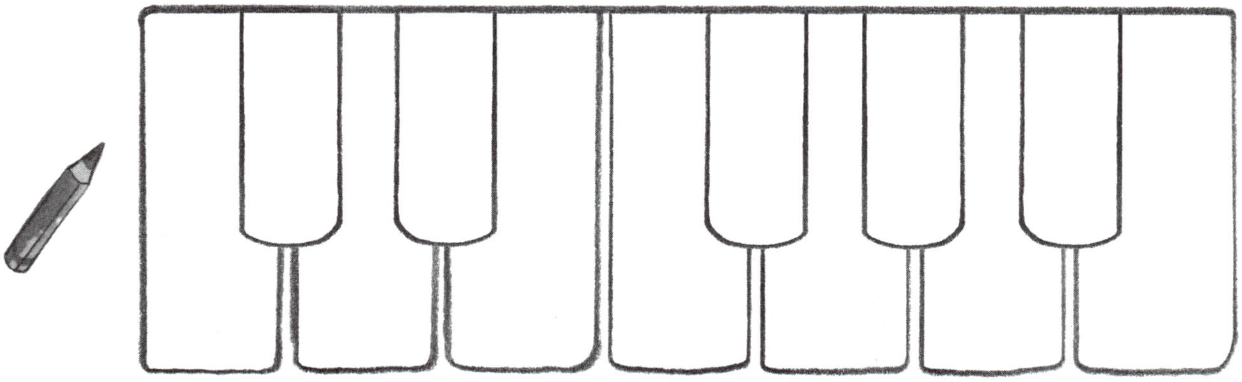

Bemale die schwarzen Tasten!

Kurze und lange Töne

Noch ein Tipp zum Reinblasen:
Flüstere mehrmals schnell hintereinander „dü" und umschließe dann mit deinen Lippen das Mundstück.
Drücke gleichzeitig bei jedem „dü" eine Taste, egal ob weiß oder schwarz.
Hurra! Das klingt toll!

Spiele mit dem kleinen Tastenkönig kurze und lange Signaltöne!

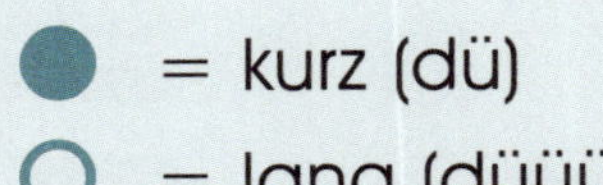

● = kurz (dü)
○ = lang (düüü)

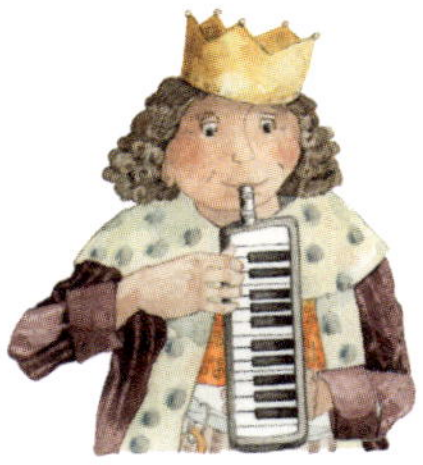

● ● ● ●
Tas - ten - kö - nig

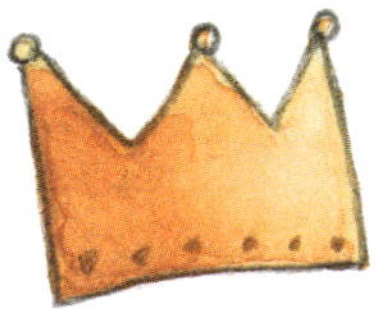

● ●
Kro - ne

○ ● ●
Zug - brü - cke

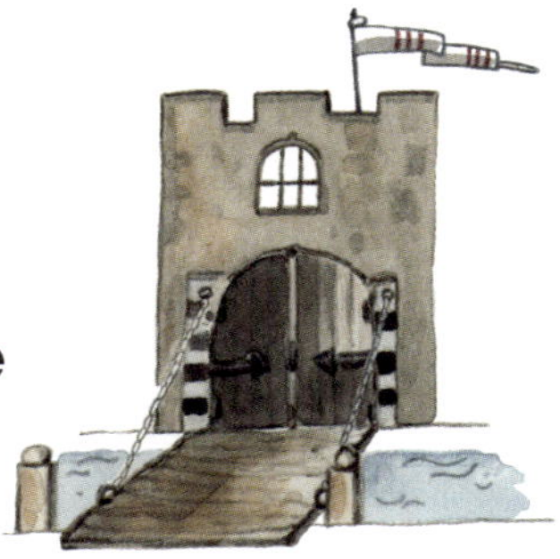

● ● ○
Kö - nigs-thron

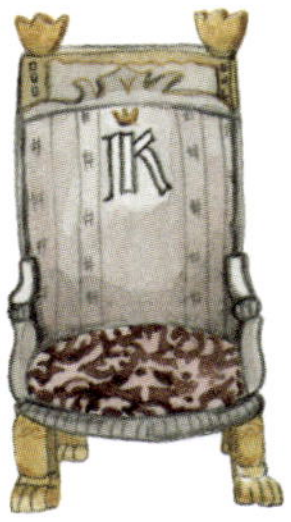

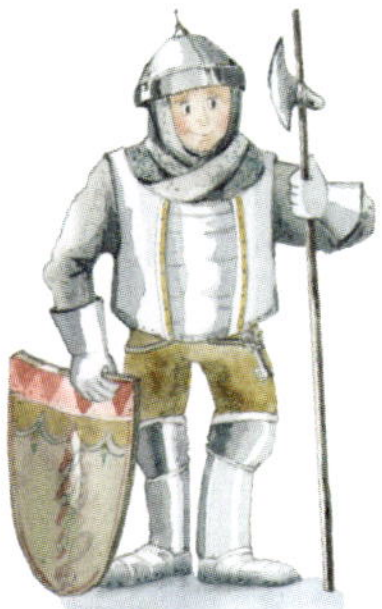

● ●
Rit - ter

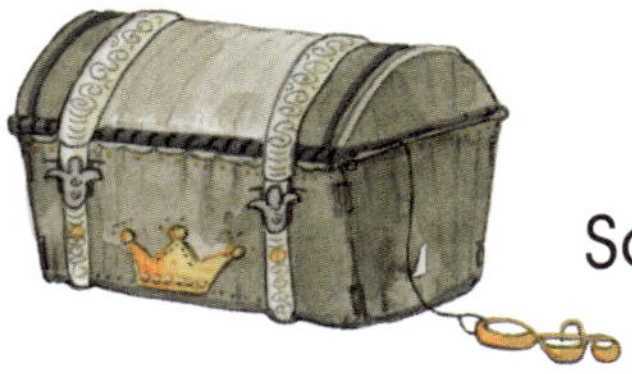

○ ● ●
Schatz-tru - he

- Klatsche und sprich!
- Sprich mehrere Begriffe nacheinander!
- Spiele die Signale auf Tasten mit verschiedenen Fingern! Benutze die Tasten deiner Wahl.

Fünf-Finger-Spiel

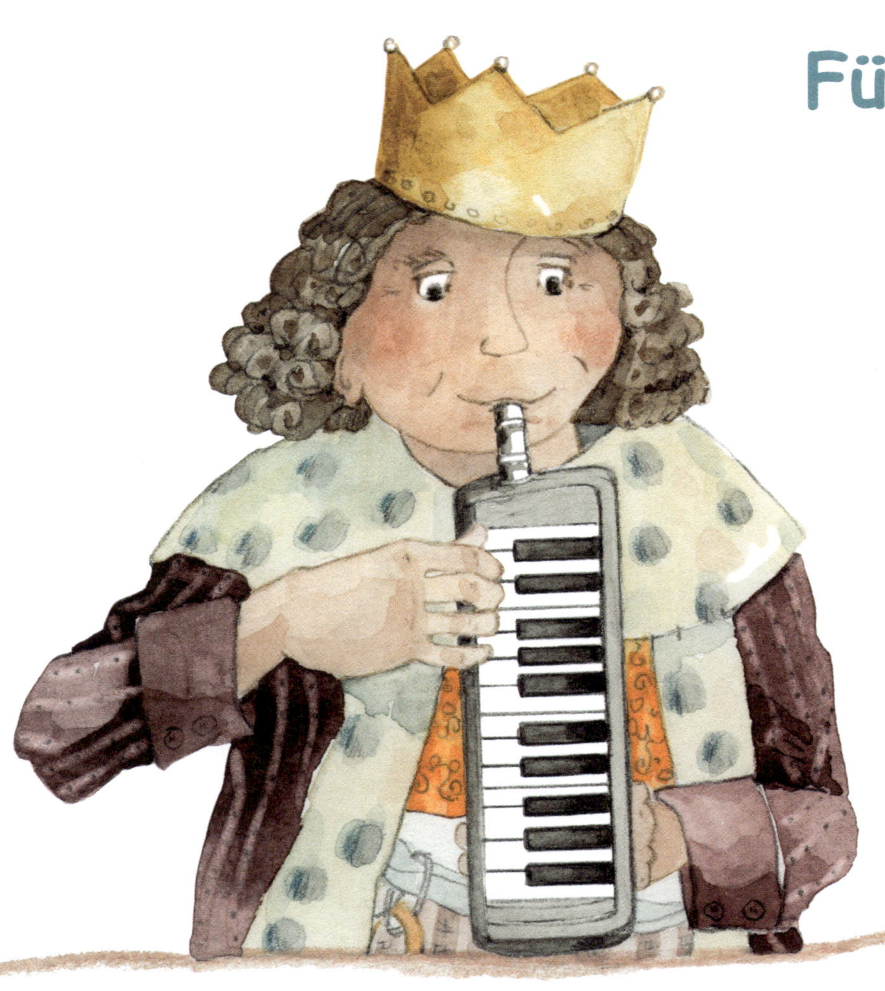

Beobachte, wie der kleine Tastenkönig seine Finger zum Spielen auf die Melodika legt. Die Finger sind rund (Ballhand) und finden nebeneinander kurz vor den schwarzen Tasten ihren Platz.

Tastilien ist ein märchenhaftes Land mit großen Wäldern, Seen und Wiesen. Dort leben viele Tiere, wie du sie aus Büchern oder einem Besuch im Zoo schon kennst.

- Sprich und klatsche die Tiernamen!
- Spiele mit kurzen und langen Tönen!

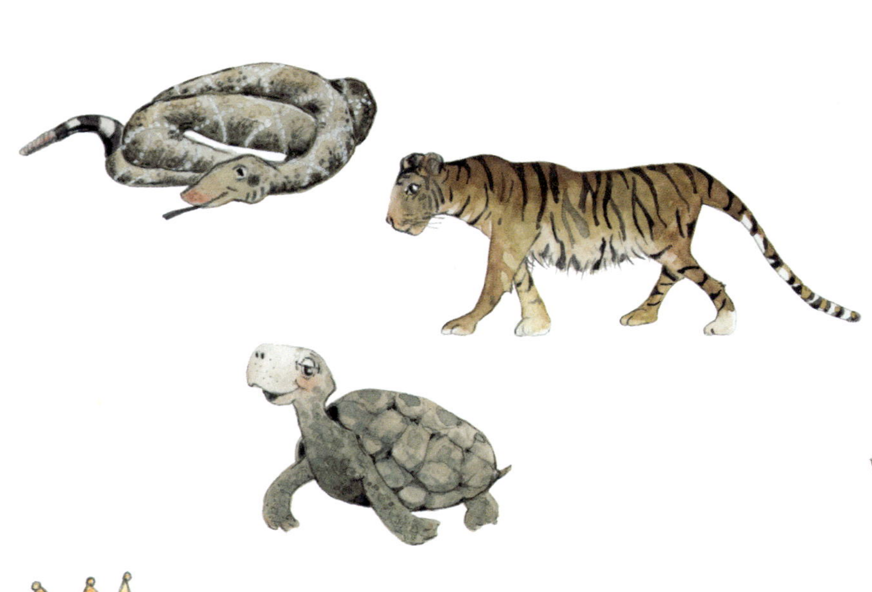

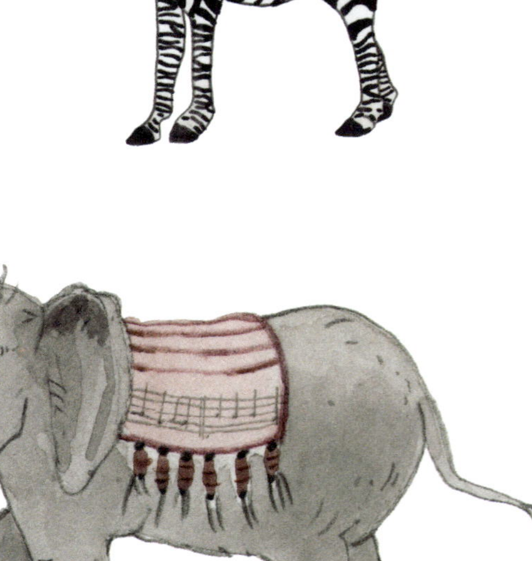

- Versuche jeden Tiernamen auf einen Atemzug zu spielen. So spielst du viel entspannter und es strengt dich nicht so an.
- Damit du alle Tasten deiner Melodika ausprobieren kannst, sucht sich der Daumen immer wieder eine andere Taste.

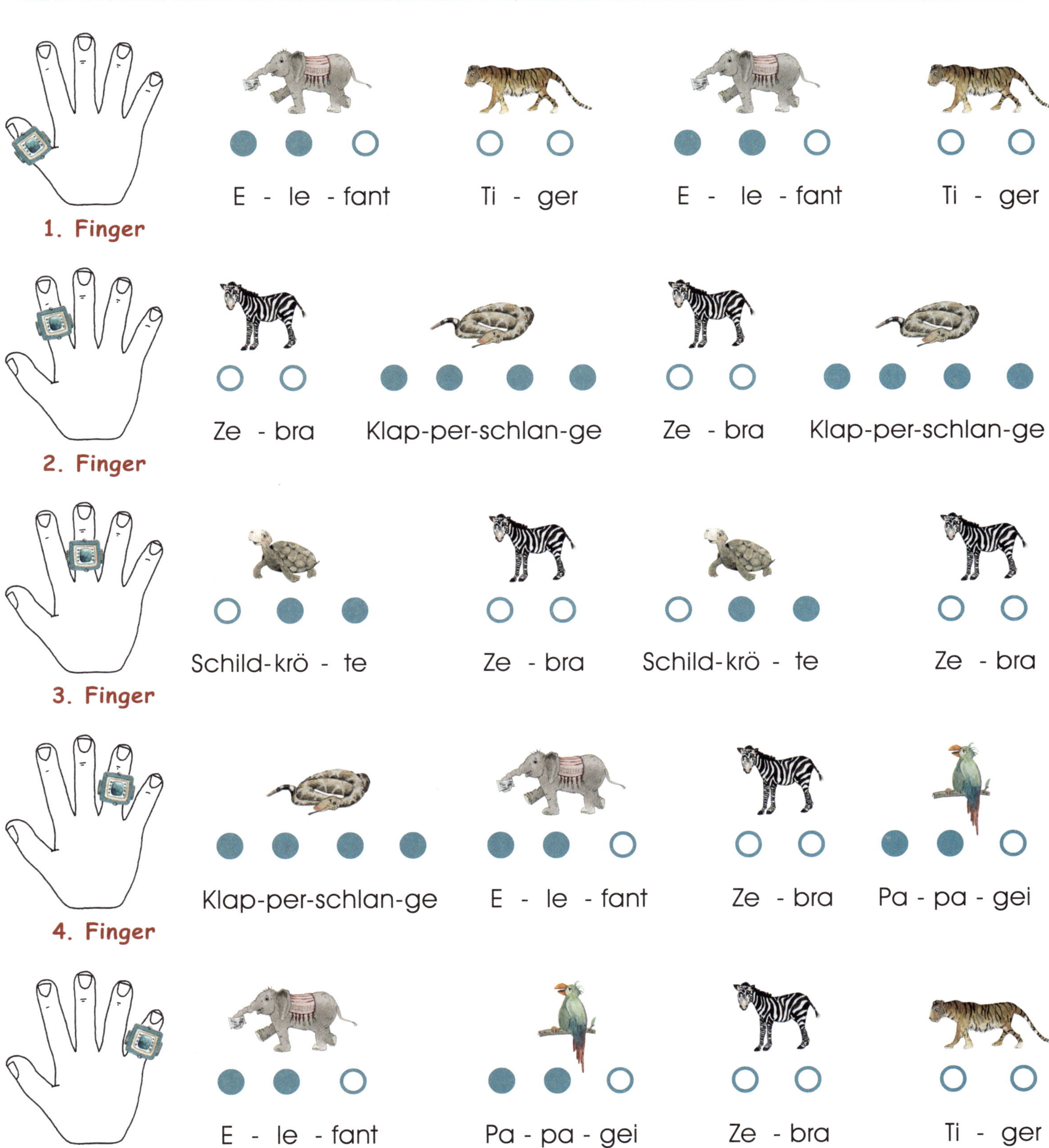

Komm, wir verreisen

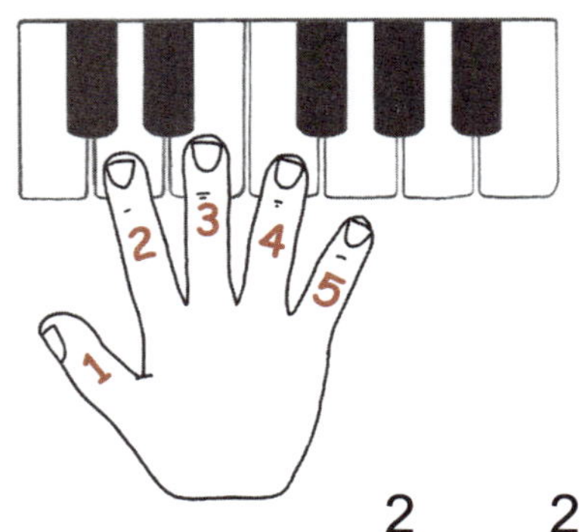

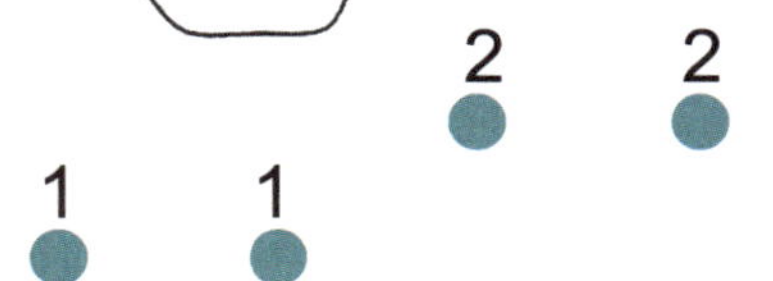

2 2 2 2 2 2

1 1 1 1 1 1 1 1

Mit der Kut - sche ü - bers Land, von den Ber - gen bis zum Strand.

„Tas - ten - kö - nig, ich fahr mit. Die - se Rei - se ist ein Hit!"

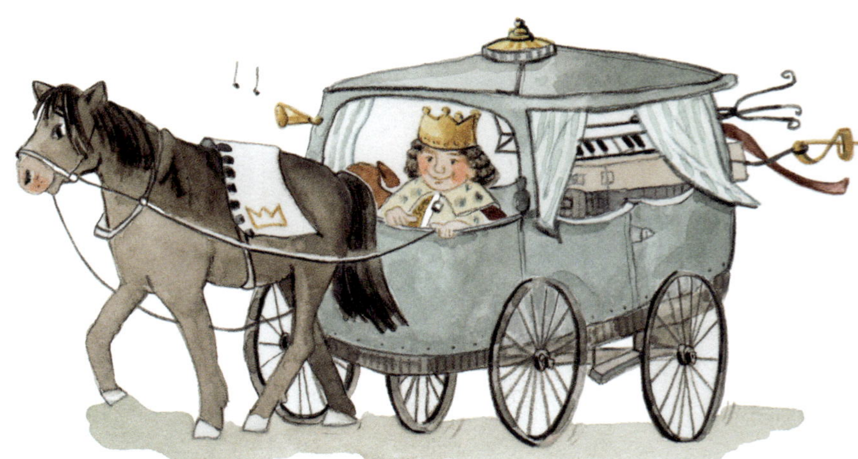

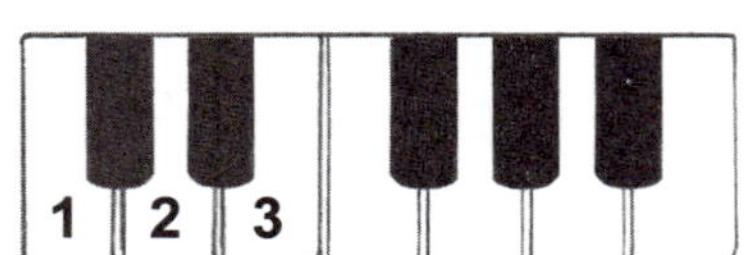

3 3 3 3

2 2 2 2 2

1 1 1 1

Rech - ter Fuß und lin - ker Fuß, ei - ner vor den an - dern.

3 3 3 3 3 3

2 2 2 2 2

1 1

Durch das schö - ne Kö - nig - reich wolln wir heu - te wan - dern.

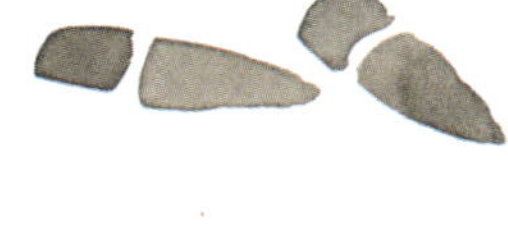

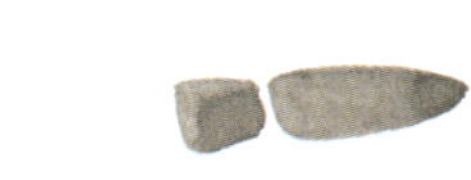

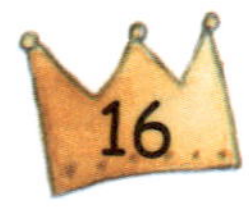

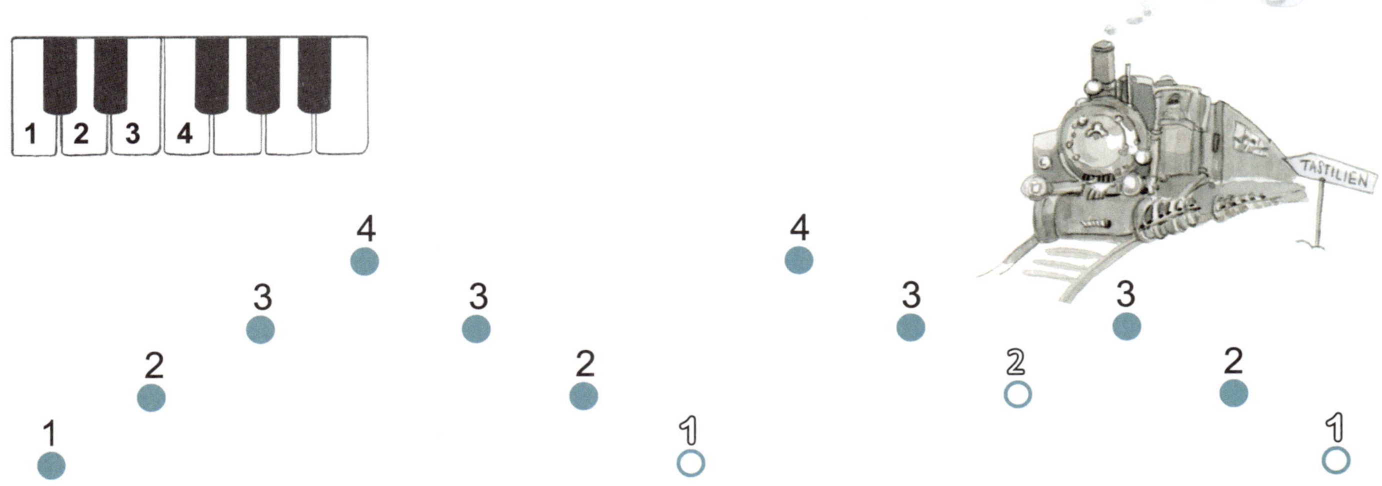

Tschu,tschu,tschu, die Ei - sen-bahn! Komm,steig ein! Sie fährt an!

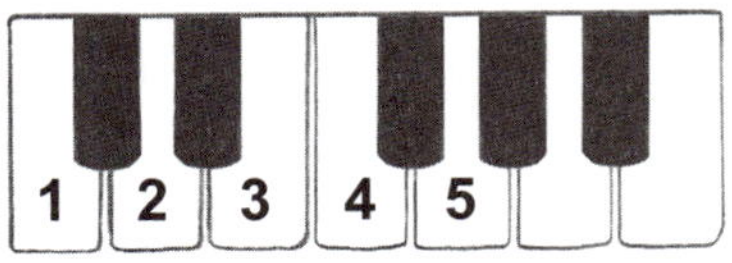

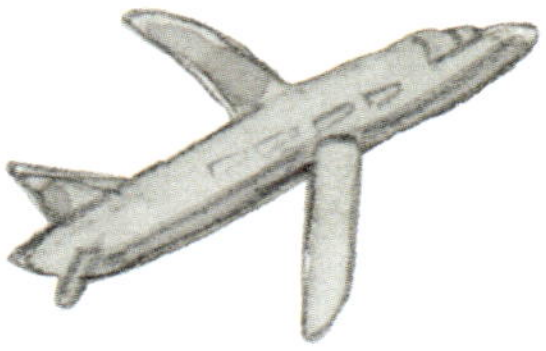

1 2 3 4 5 5 5 1 2 3 4 5 5

Im - mer hö - her geht's hin - auf und wir flie - gen mun - ter.

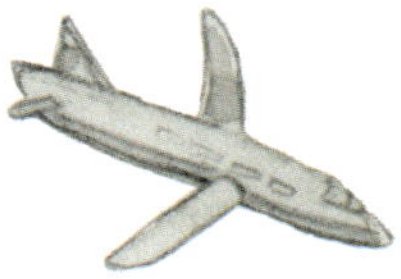

1 2 3 4 5 5 5 5 4 3 2 1 1

Flie - gen nach A - me - ri - ka, dort geht's wie - der run - ter.

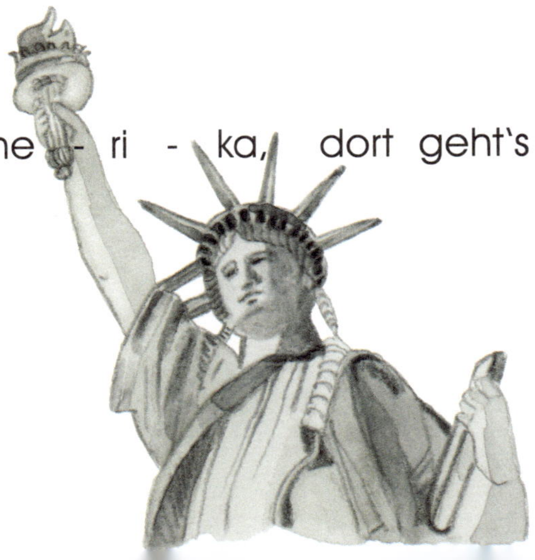

Der Perlen-Noten-Fänger

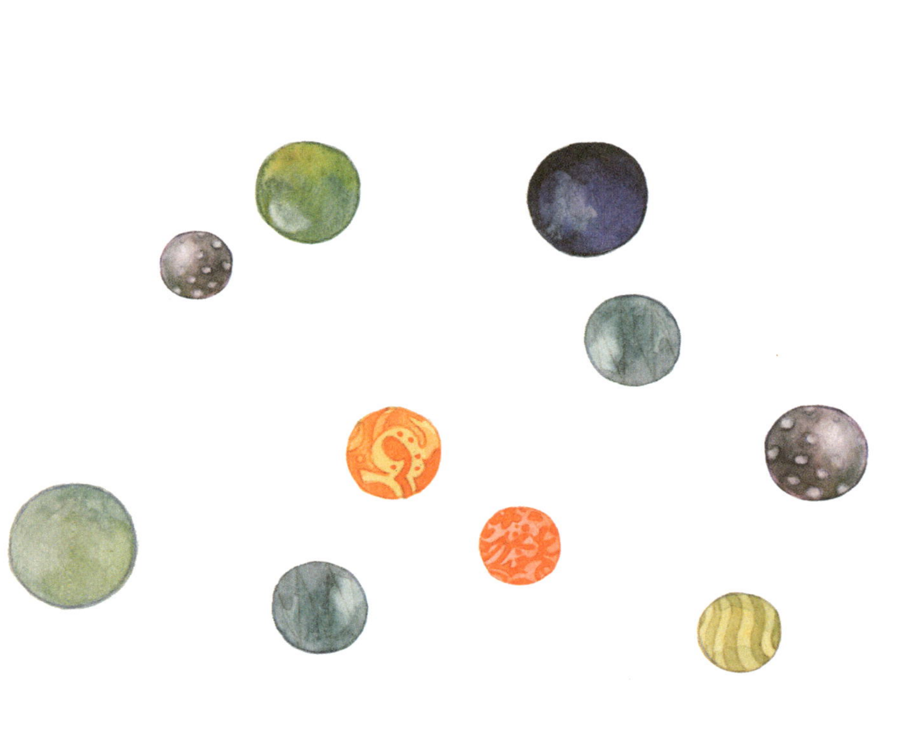

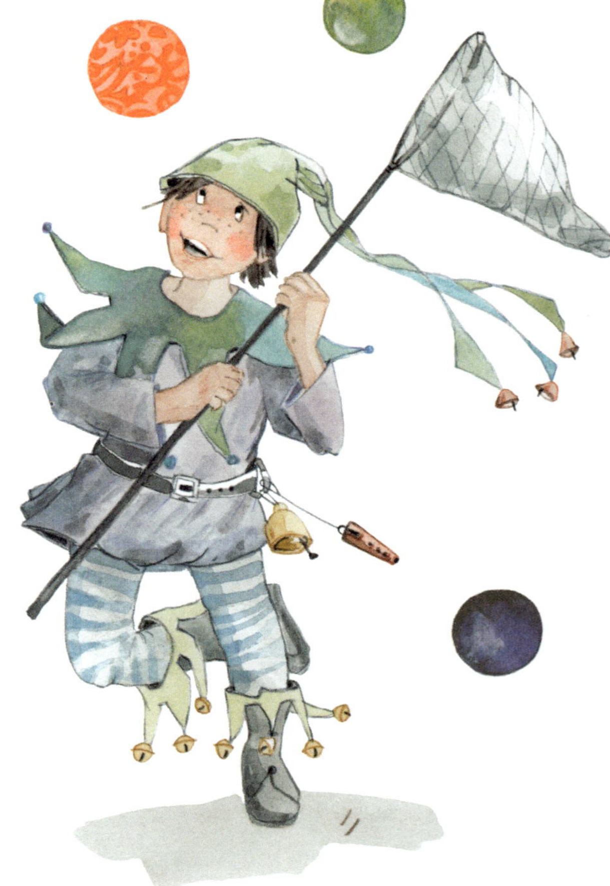

Nico, der Hofnarr, fängt alle Töne,
die auf den letzten Seiten deiner Melodikaschule
durch die Luft geflogen sind.
Er fädelt sie wie Perlen auf eine Schnur.
Hilf ihm dabei und male bunte Perlen!

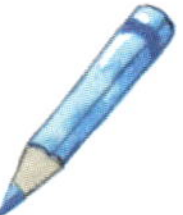

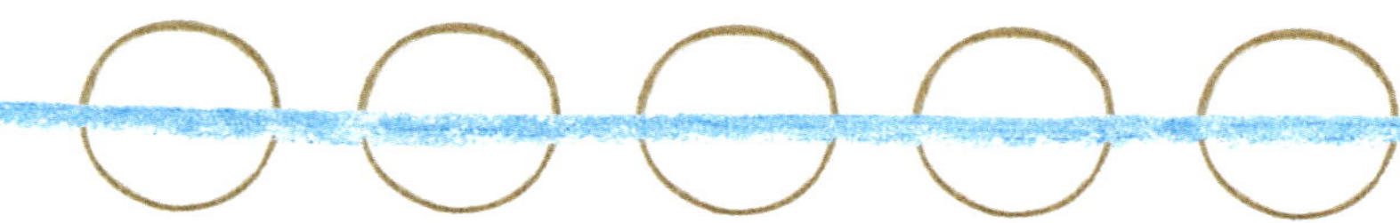

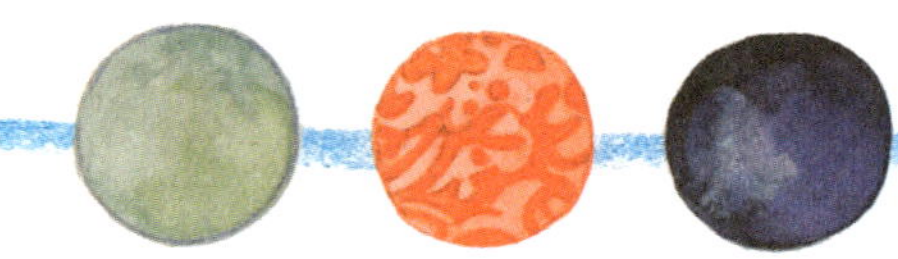

In der Schrift der Musik gibt es Töne, die wie Perlen auf eine Notenlinie aufgefädelt werden.

Diese **Noten** sind **auf der Linie**.

2 Linien und 2 Töne

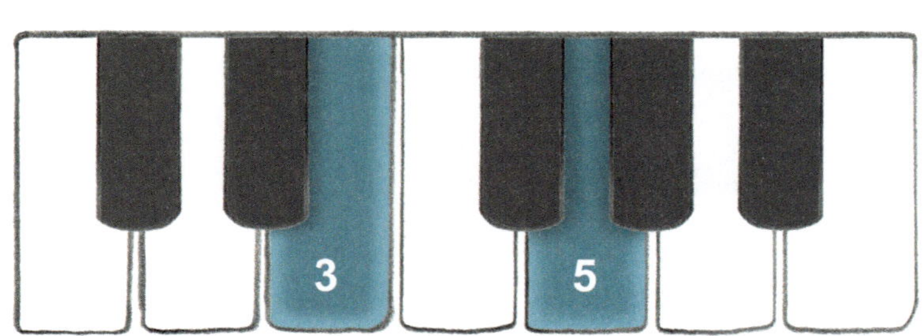

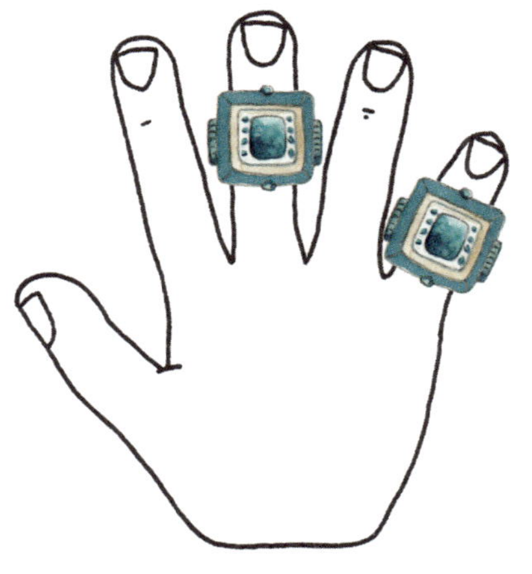

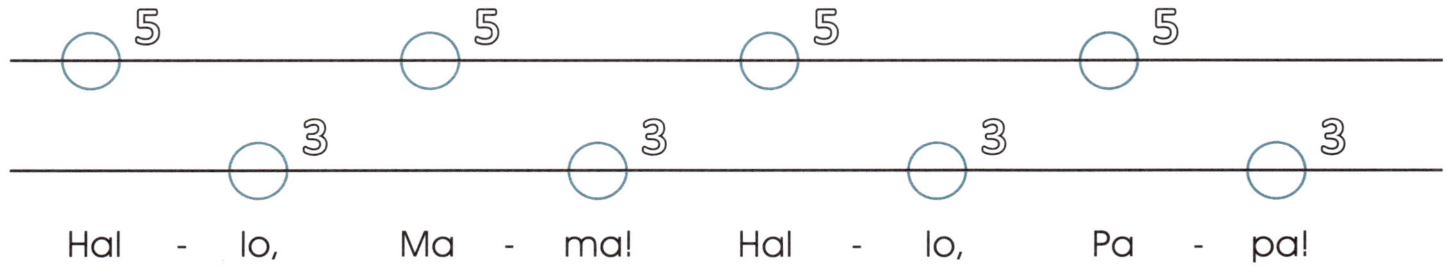

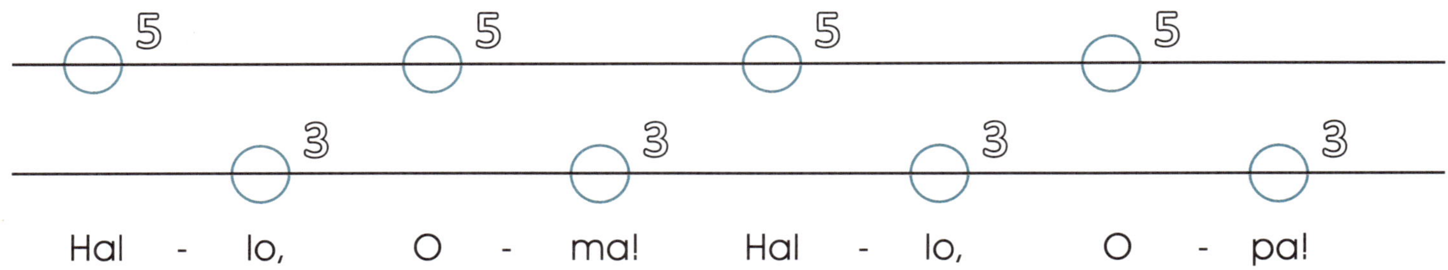

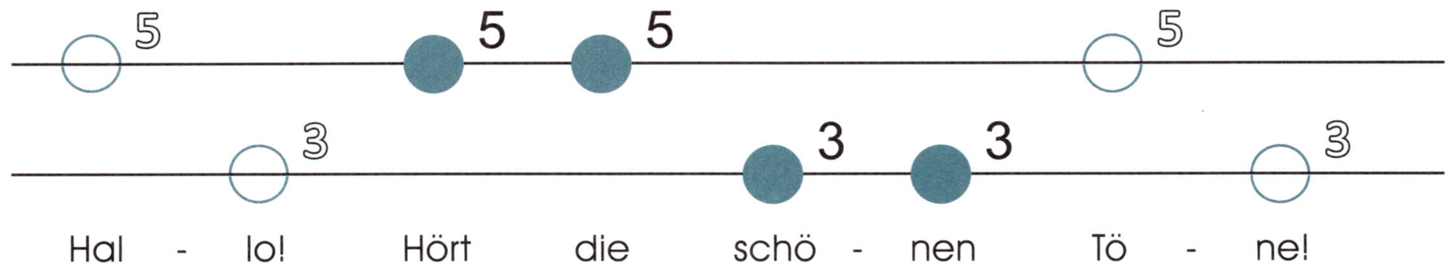

Und jetzt mit 5 Notenlinien

Um die Töne in der Musik aufschreiben zu können, brauchen wir fünf Notenlinien.
Klingt ein Ton hell, wird er weiter oben in die Linie gesetzt,
klingt er tiefer, bekommt er seinen Platz weiter unten.

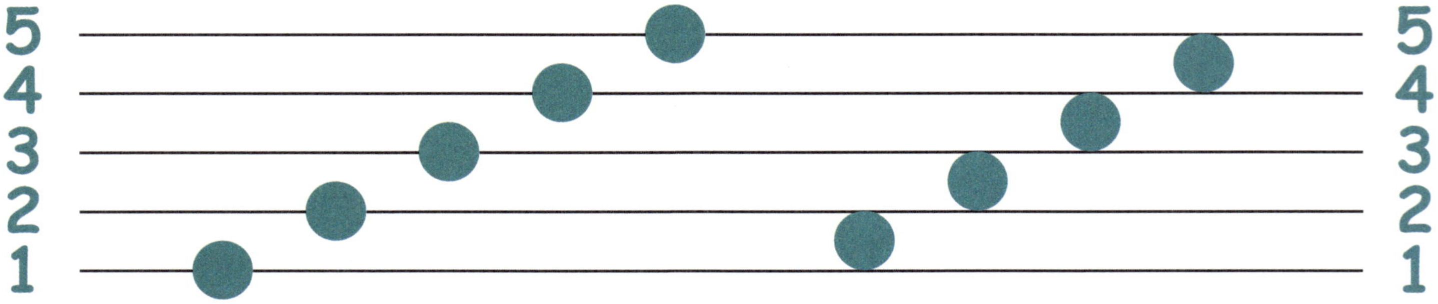

5 5
4 4
3 3
2 2
1 1

Das sind die Noten auf der Linie. (Perlennoten)

Diese Noten sitzen zwischen den Linien.

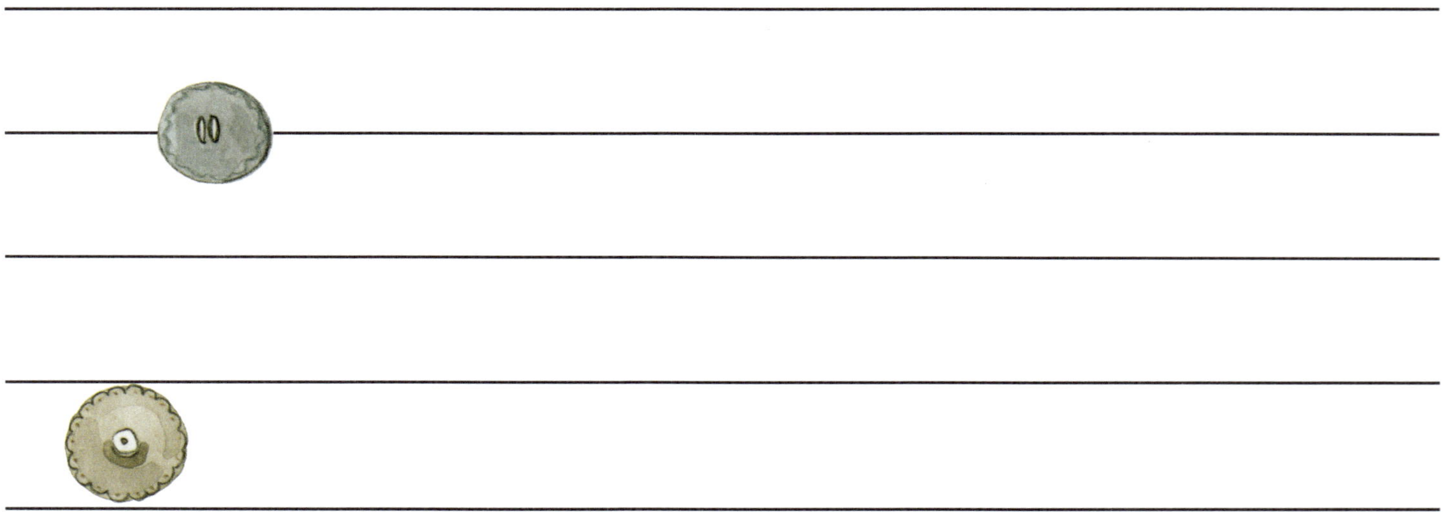

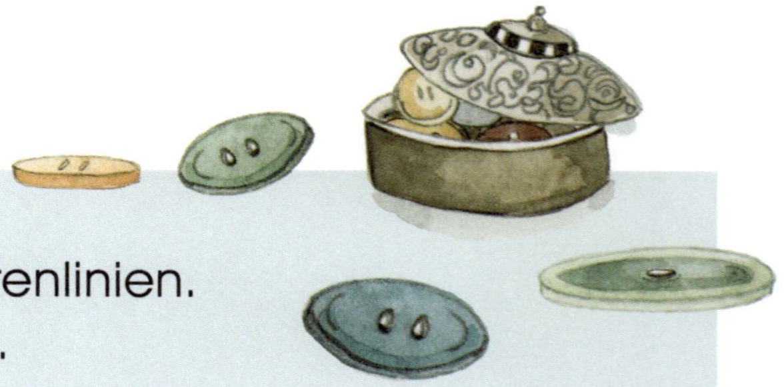

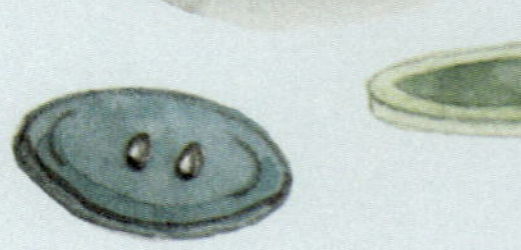

Notenspiele zu zweit:
Lege Knöpfe beliebig **auf** oder **zwischen** die Notenlinien.
Dein Spielpartner versucht es dir nachzumachen.

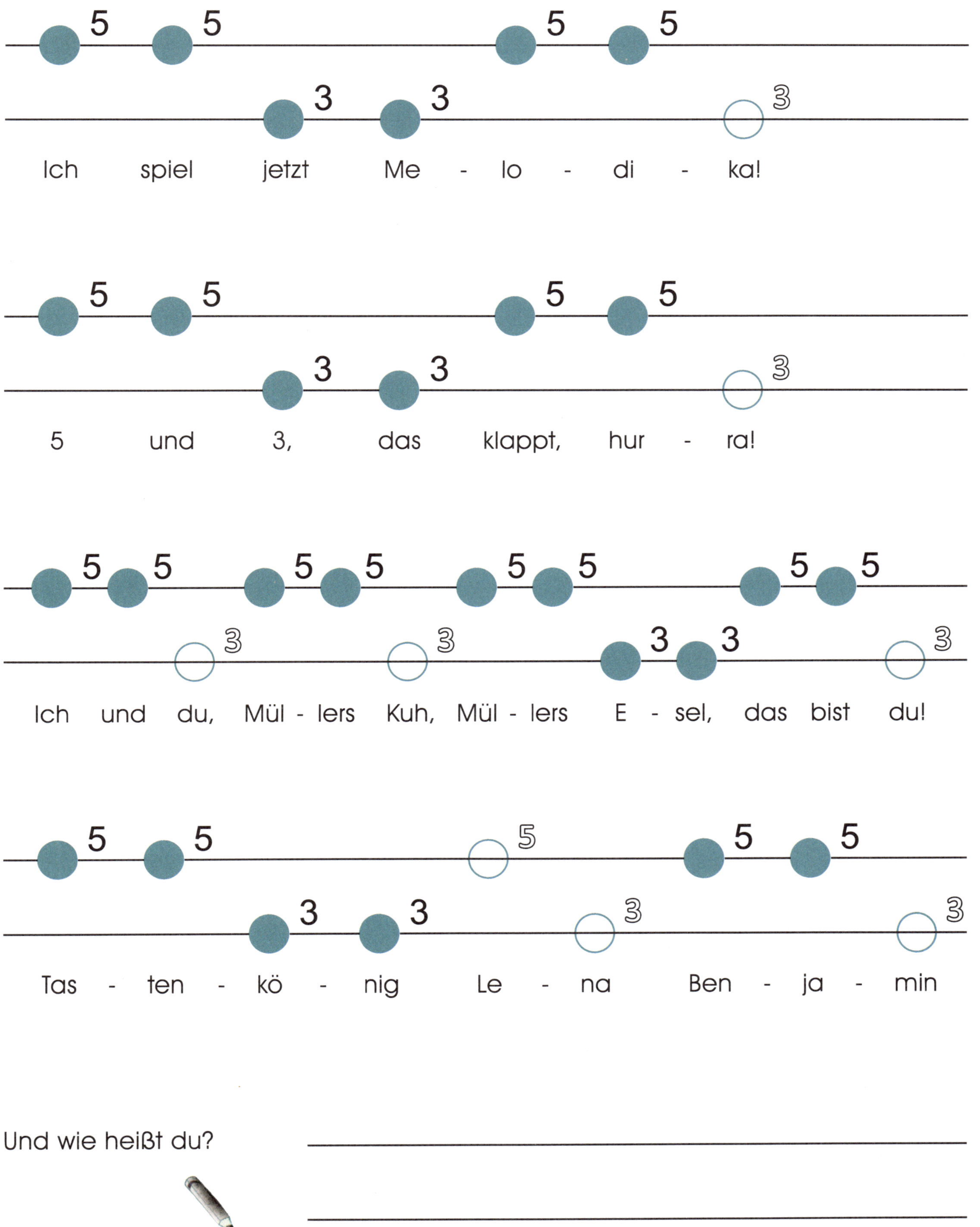

Und wie heißt du? ______________________

____

Zählen macht Spaß!

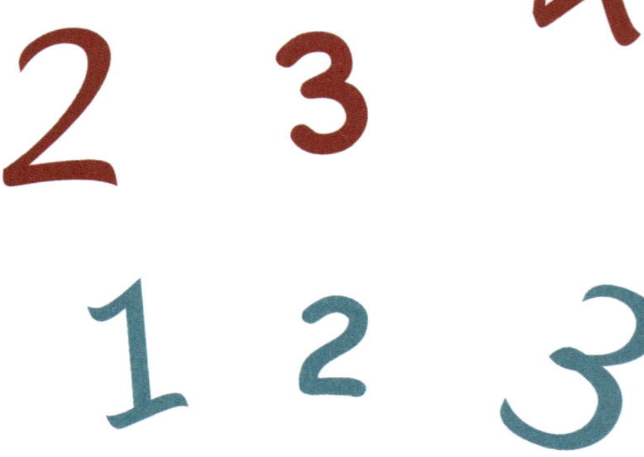

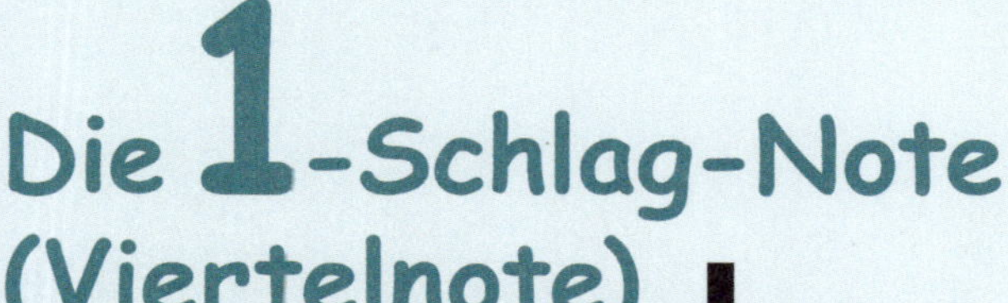

Die 1-Schlag-Note (Viertelnote)

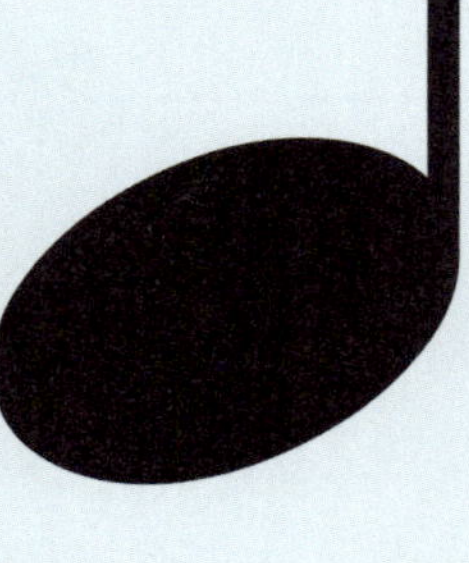

Zähle: 1

Die 1-Schlag-Note hat einen ausgefüllten Notenkopf und einen Notenhals. Jede Note dauert einen Schlag lang.

Auf wie viel kannst du schon zählen?

Auch beim Musizieren ist das Zählen wichtig. So lernst du, die Töne gleichmäßig zu spielen.

Zähle mehrmals bis 4 und klatsche dazu. Jede Zahl ist ein Klatscher.

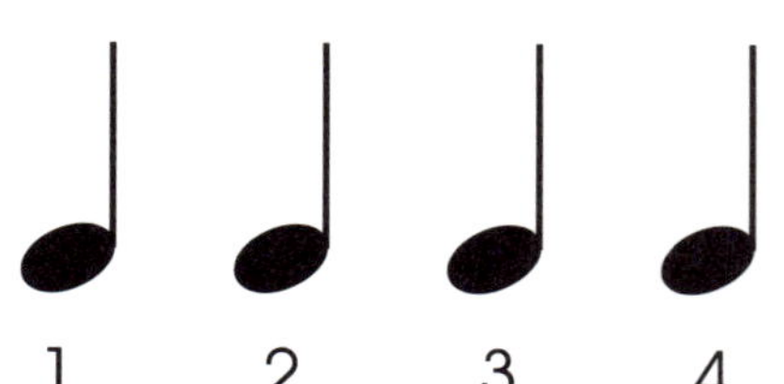

Male mit verschiedenen Farben 1-Schlag-Noten!

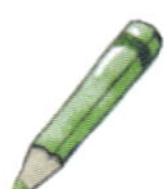

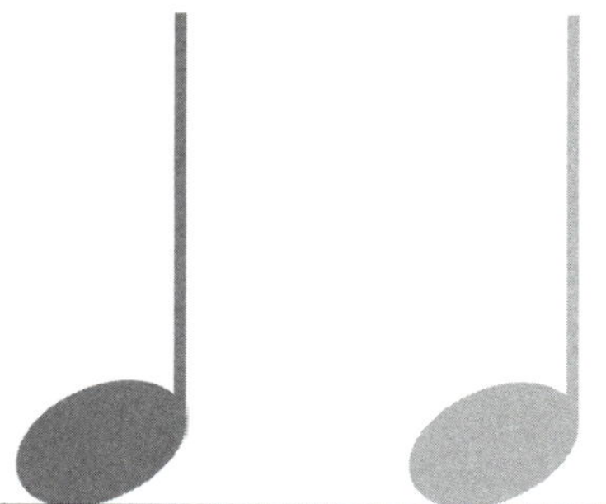

Und jetzt gehen die Füße im Takt:

Zum Schlag der Königs-Trommel gehen die Kinder durch den Raum.
Jeder Schlag ist ein Schritt.
Gerne gibt der König auch seine Trommel an ein Kind ab.

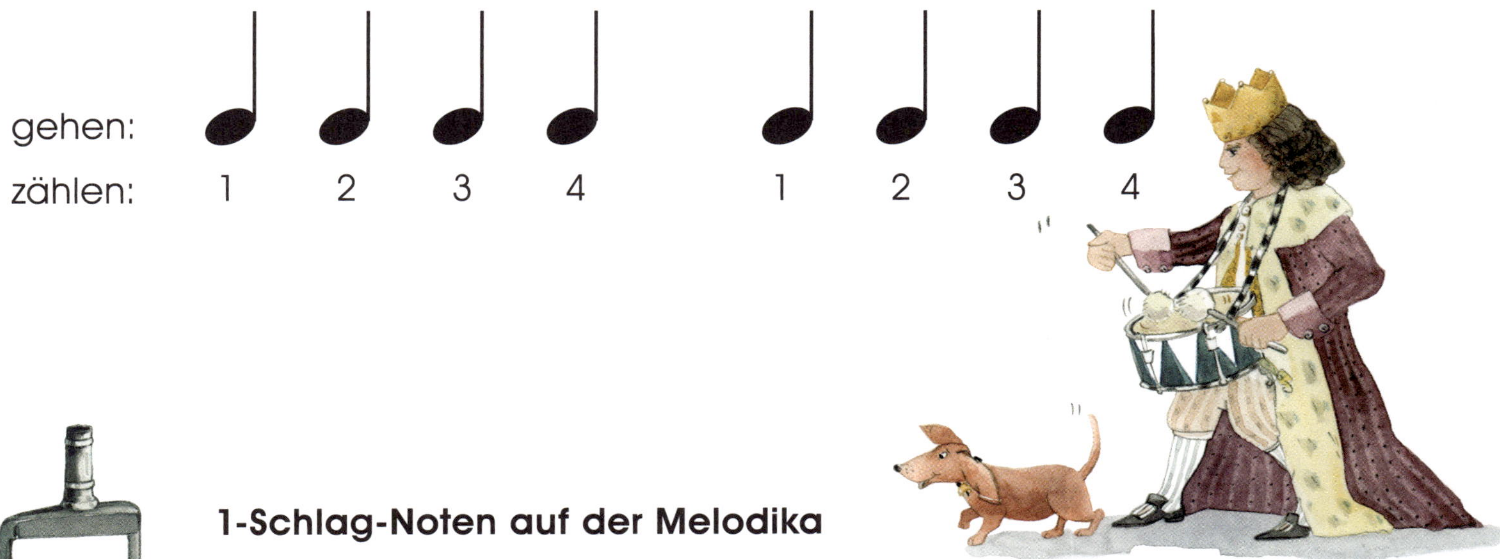

1-Schlag-Noten auf der Melodika

Drücke bei jeder Zahl eine Taste.
Es kann immer die gleiche sein
oder auch verschiedene nacheinander.
Deine Eltern/LehrerIn zählt, klatscht und/oder trommelt dazu.

Spiel zu zweit:

Ein Kind spielt vier Töne, dann ist ein anderes dran.

Die Klatsch-Olympiade

Versuche die Noten mit der rechten und der
linken Hand zu patschen (auf Oberschenkel oder Tisch):

rechts R

links L

Die 2-Schlag-Note (Halbe Note)

Zähle: 1 – 2

Die 2-Schlag-Note hat einen „leeren" Notenkopf. Sie klingt doppelt so lang wie die 1-Schlag-Note.

Damit du fühlst,
wie lange sie dauert,
probiere mal das aus:

Patsche bei der Zahl 1
auf die Oberschenkel und
streiche dann mit den
Händen nach vorne,
bis du auch die Zahl 2
genannt hast.

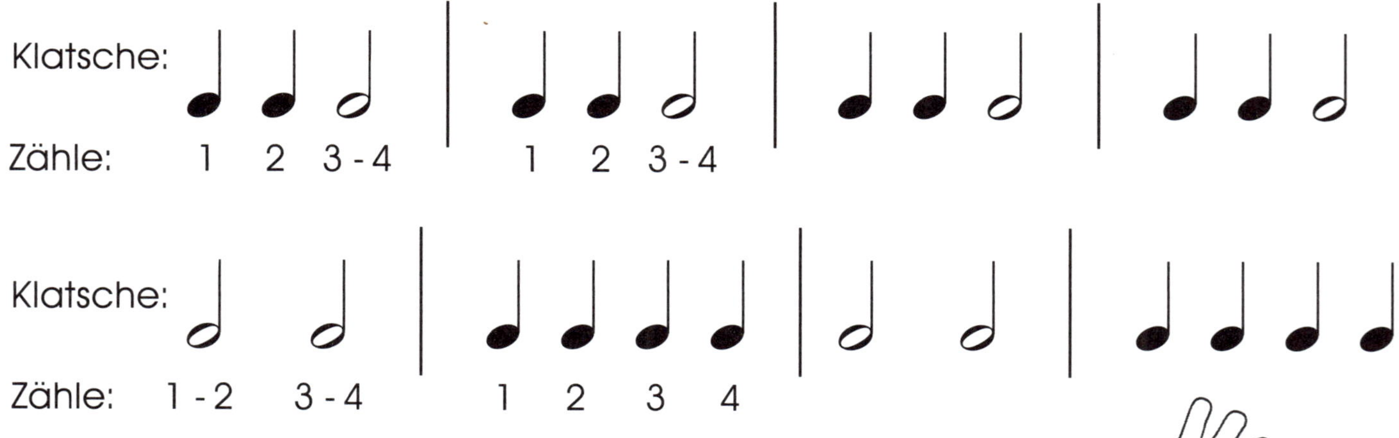

- Klatsche und zähle!
- Spiele jede Reihe mit jedem Finger auf Tasten!

Tasten und Trommeln

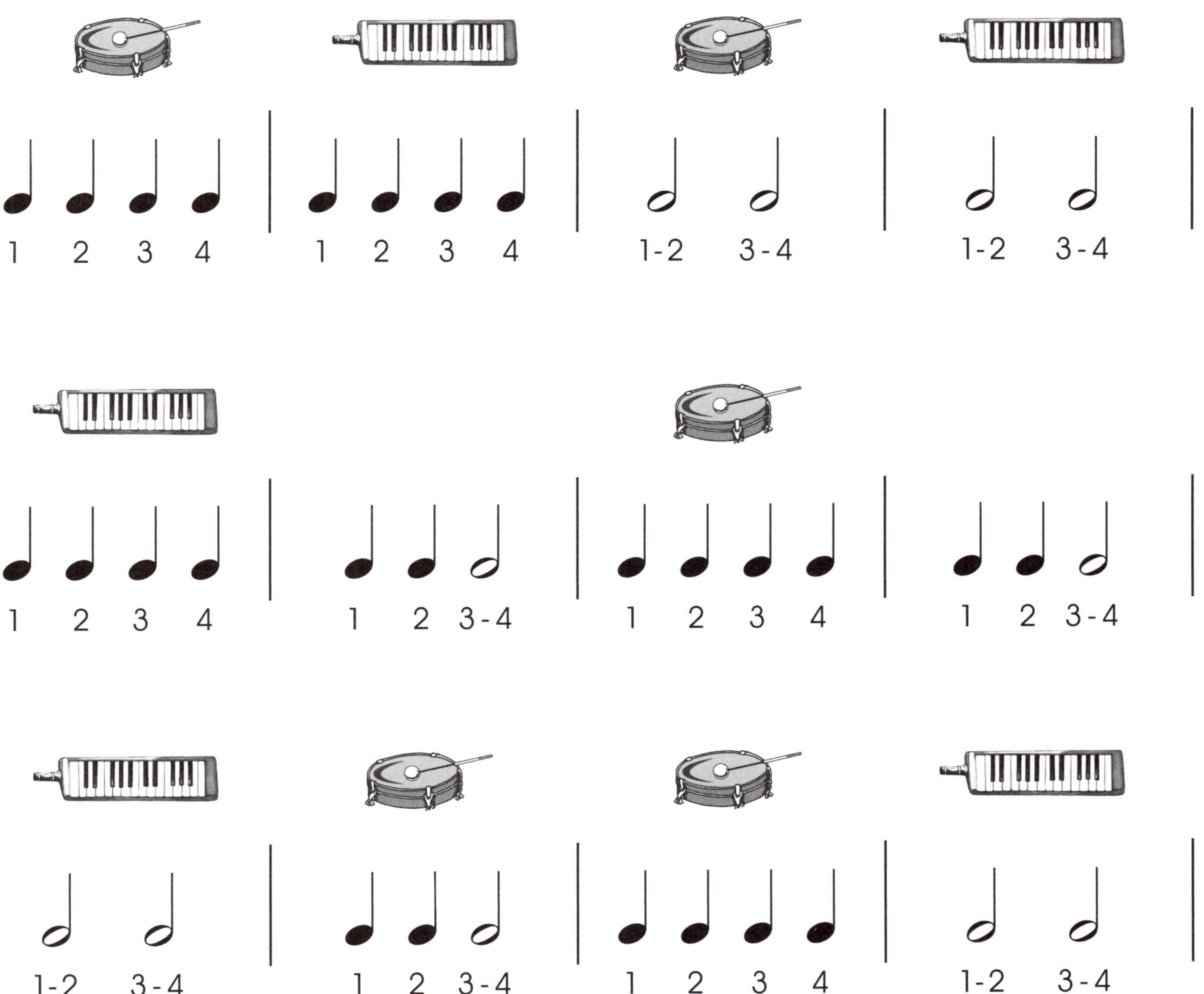

Taktstrich und Takt

Zwischen den Vierer-Zähl-Gruppen sind dir bestimmt die Striche aufgefallen.
Diese Striche heißen **Taktstriche**.
Was zwischen den Taktstrichen steht, nennen wir **Takt**.

Zählst du bis 4, ist es ein **4/4-Takt (Vier-Viertel-Takt)**.

Der Violinschlüssel

Ab jetzt bist du stolzer Besitzer eines Schlüssels! Damit kommst du ins Reich der Töne.

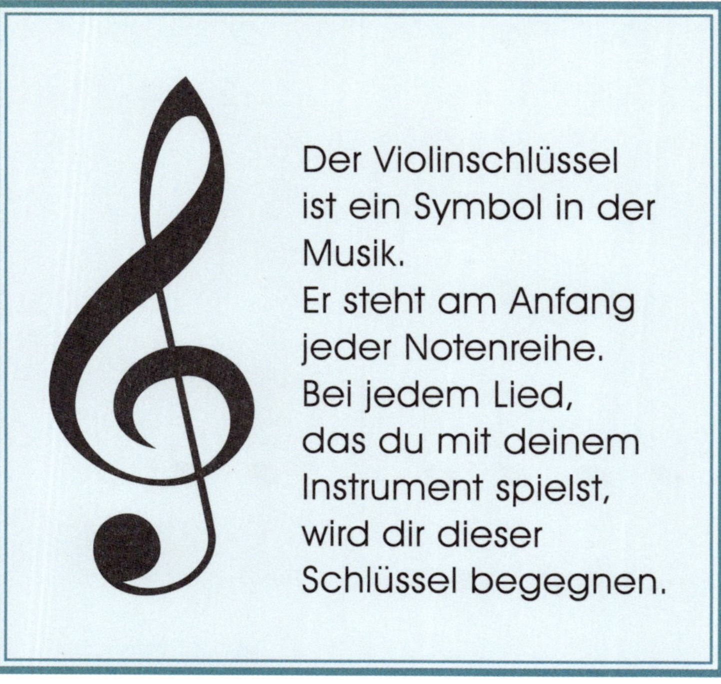

Der Violinschlüssel ist ein Symbol in der Musik.
Er steht am Anfang jeder Notenreihe.
Bei jedem Lied, das du mit deinem Instrument spielst, wird dir dieser Schlüssel begegnen.

Start

Male weiter !

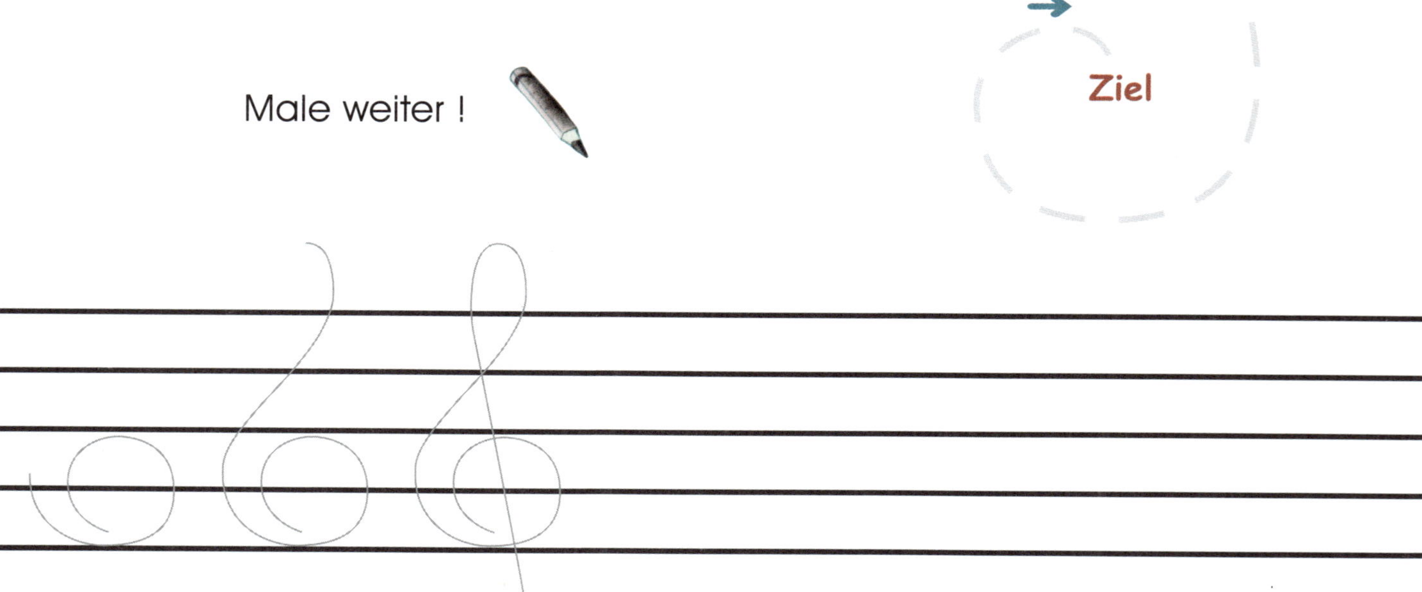

Der Ton E

E

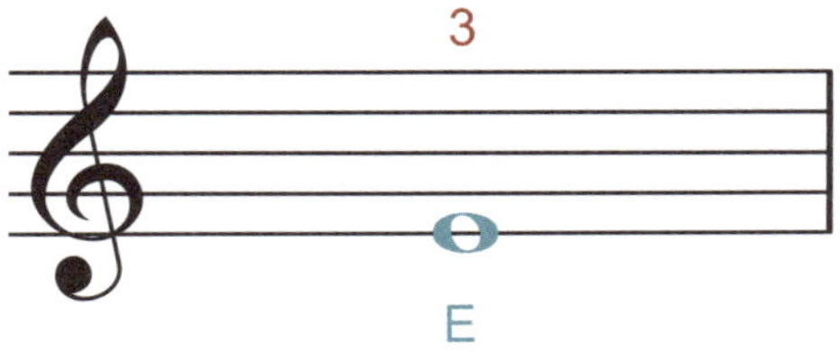

3

E

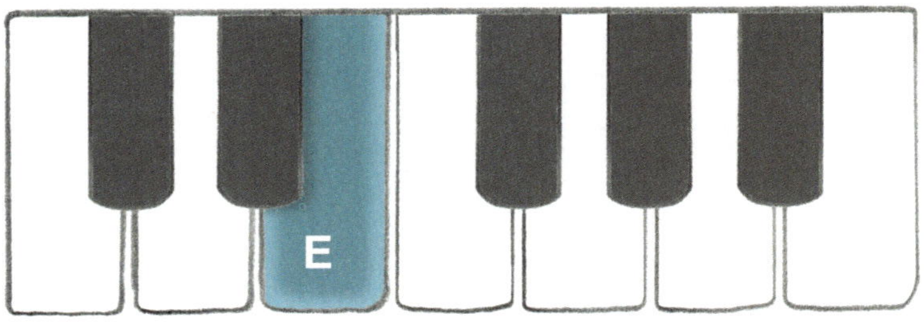

E

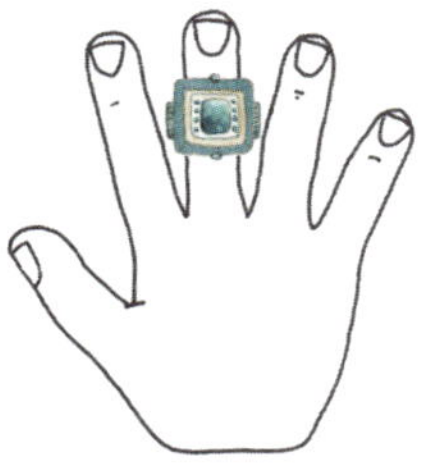

Schuh / Strobel

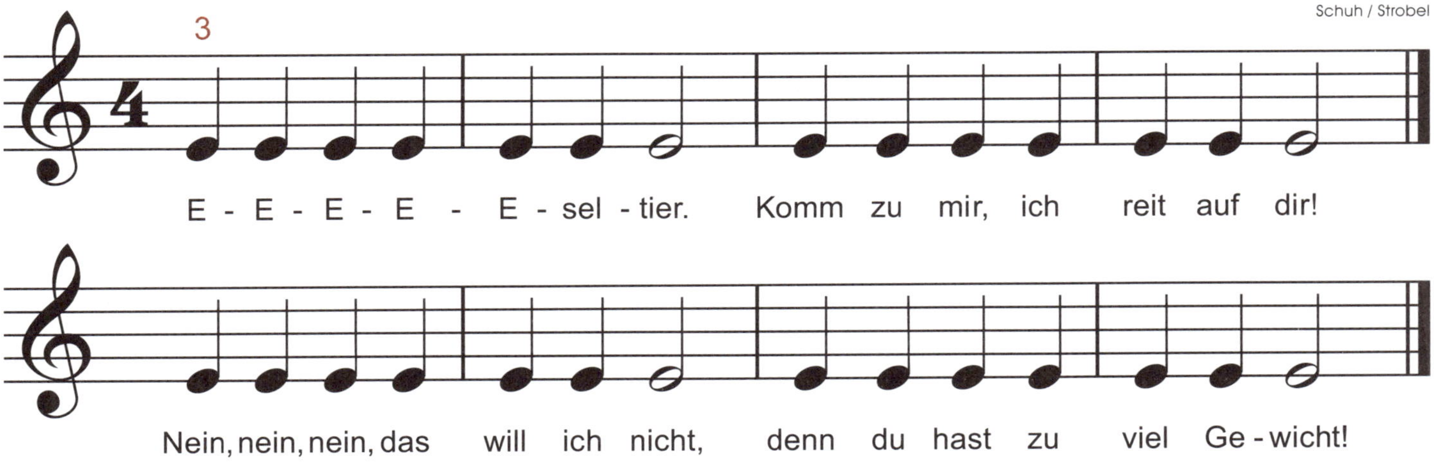

3

E - E - E - E - E - sel - tier. Komm zu mir, ich reit auf dir!

Nein, nein, nein, das will ich nicht, denn du hast zu viel Ge - wicht!

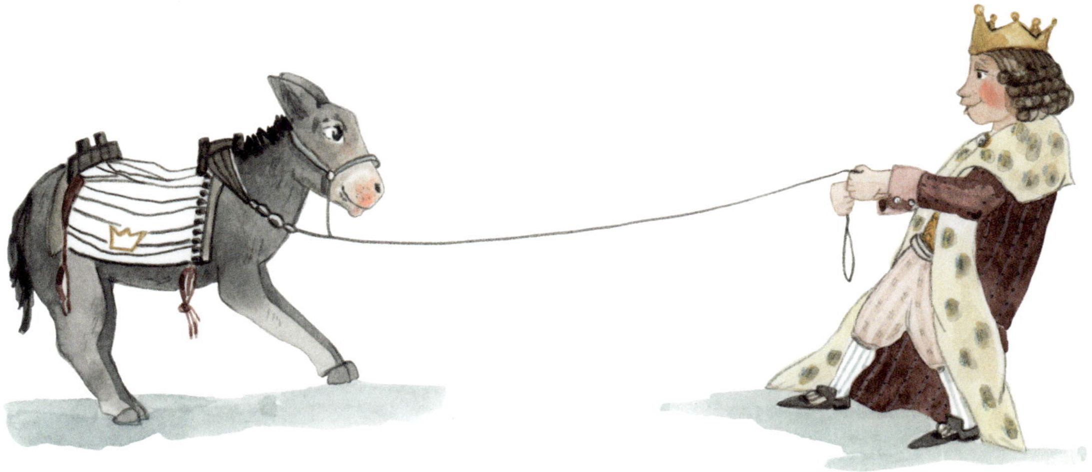

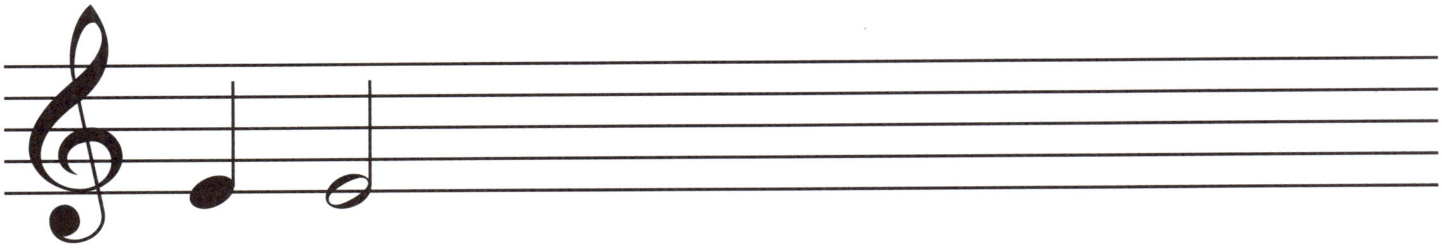

Schreibe weiter!

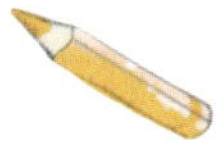

Kennst du noch andere Tiere, die mit dem Buchstaben **E** beginnen?

Der Ton G

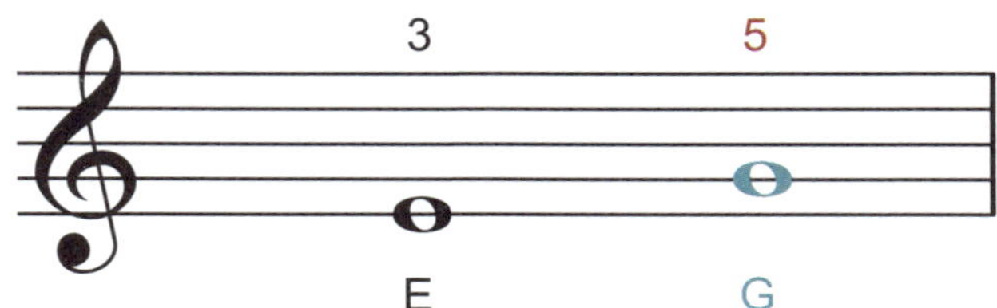

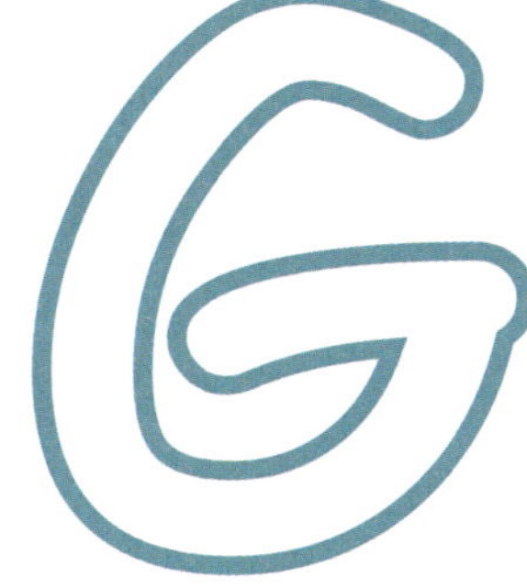

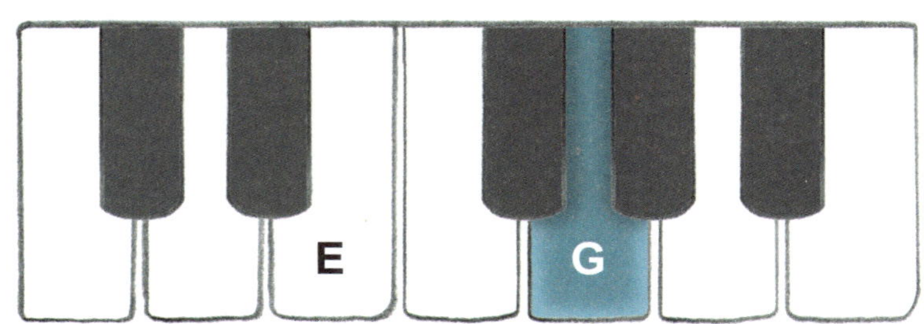

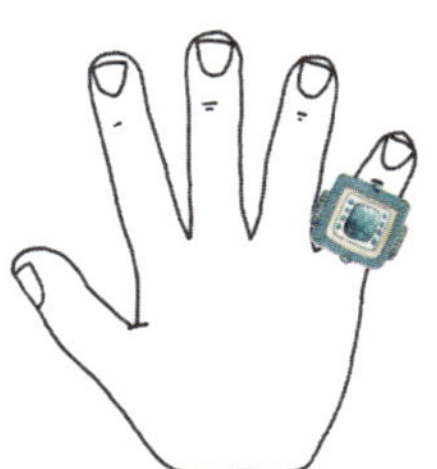

Gänse im Gänsemarsch

Schuh / Strobel

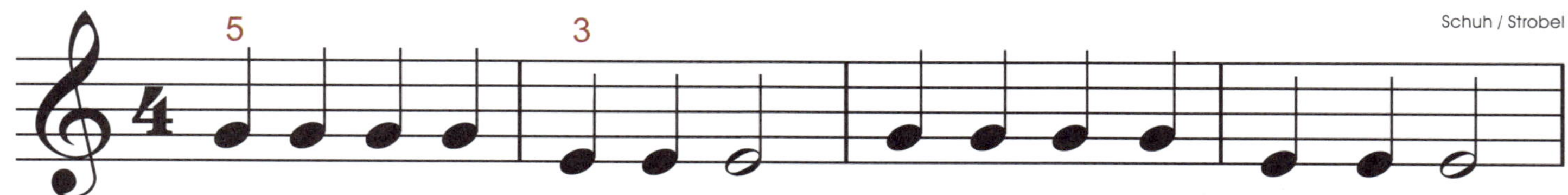

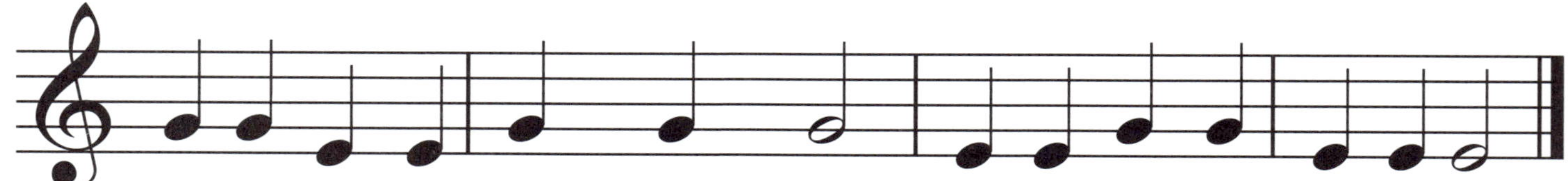

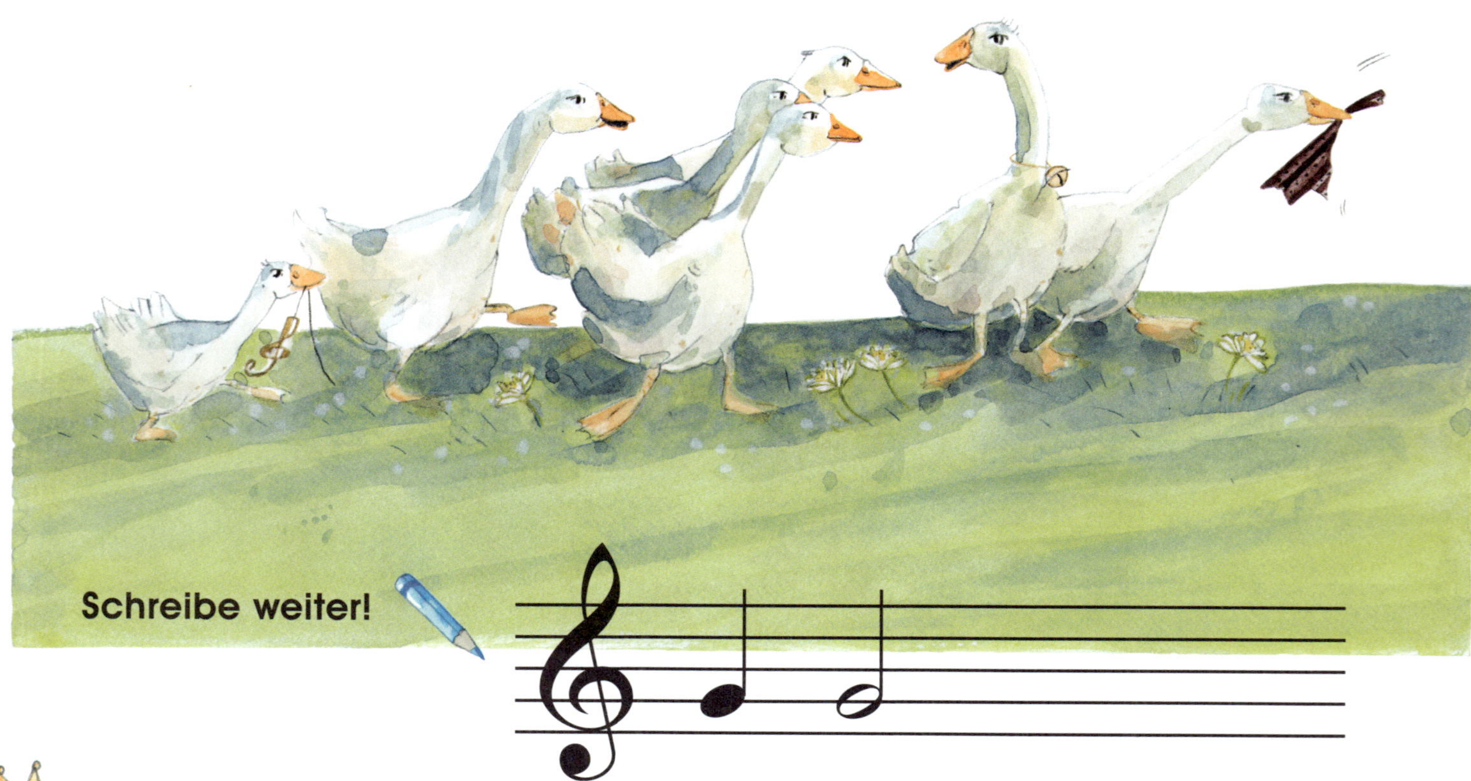

Was wächst im Schlossgarten?

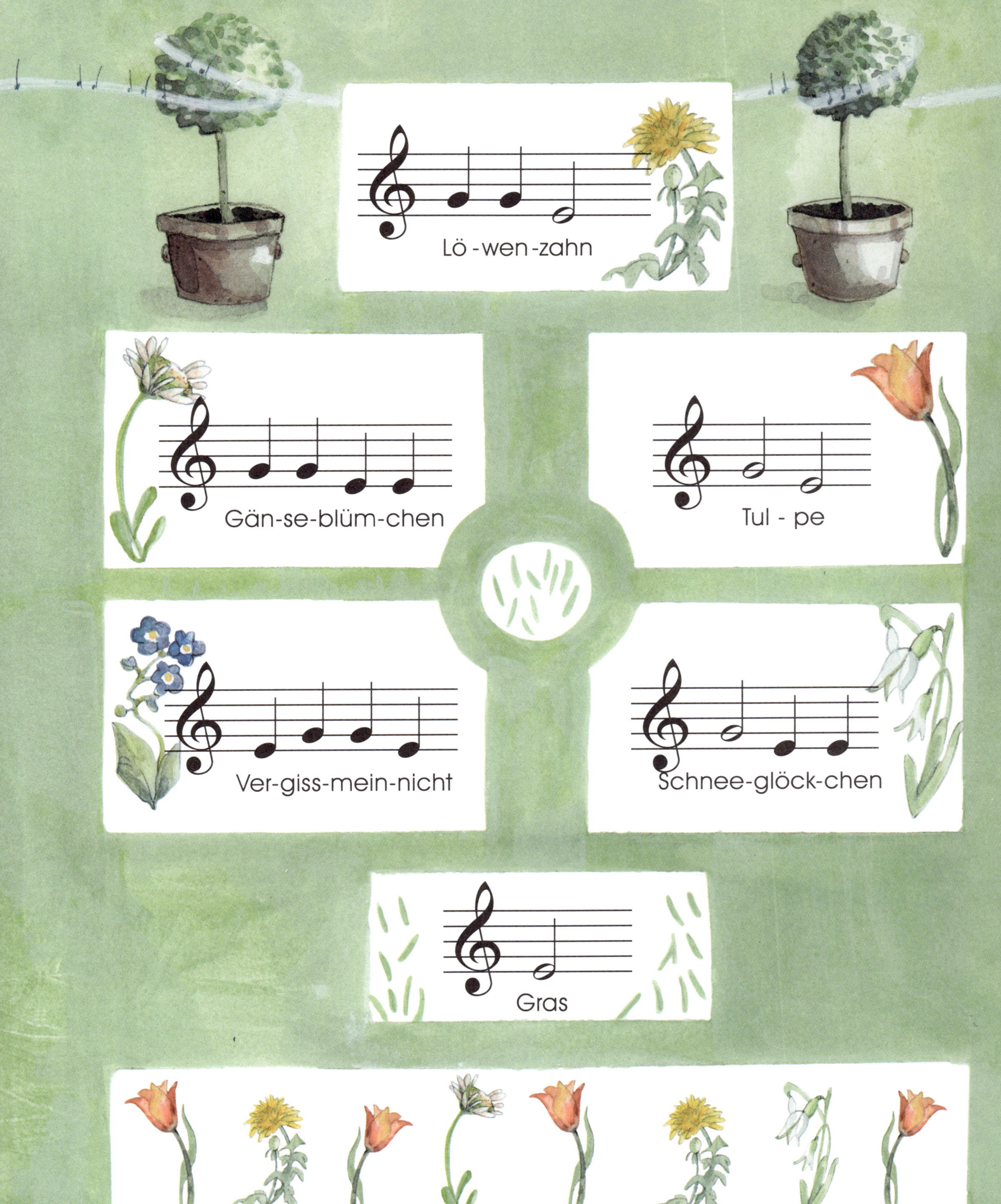

Spiele die Blumennamen so nacheinander, wie sie hier im Blumenbeet wachsen!

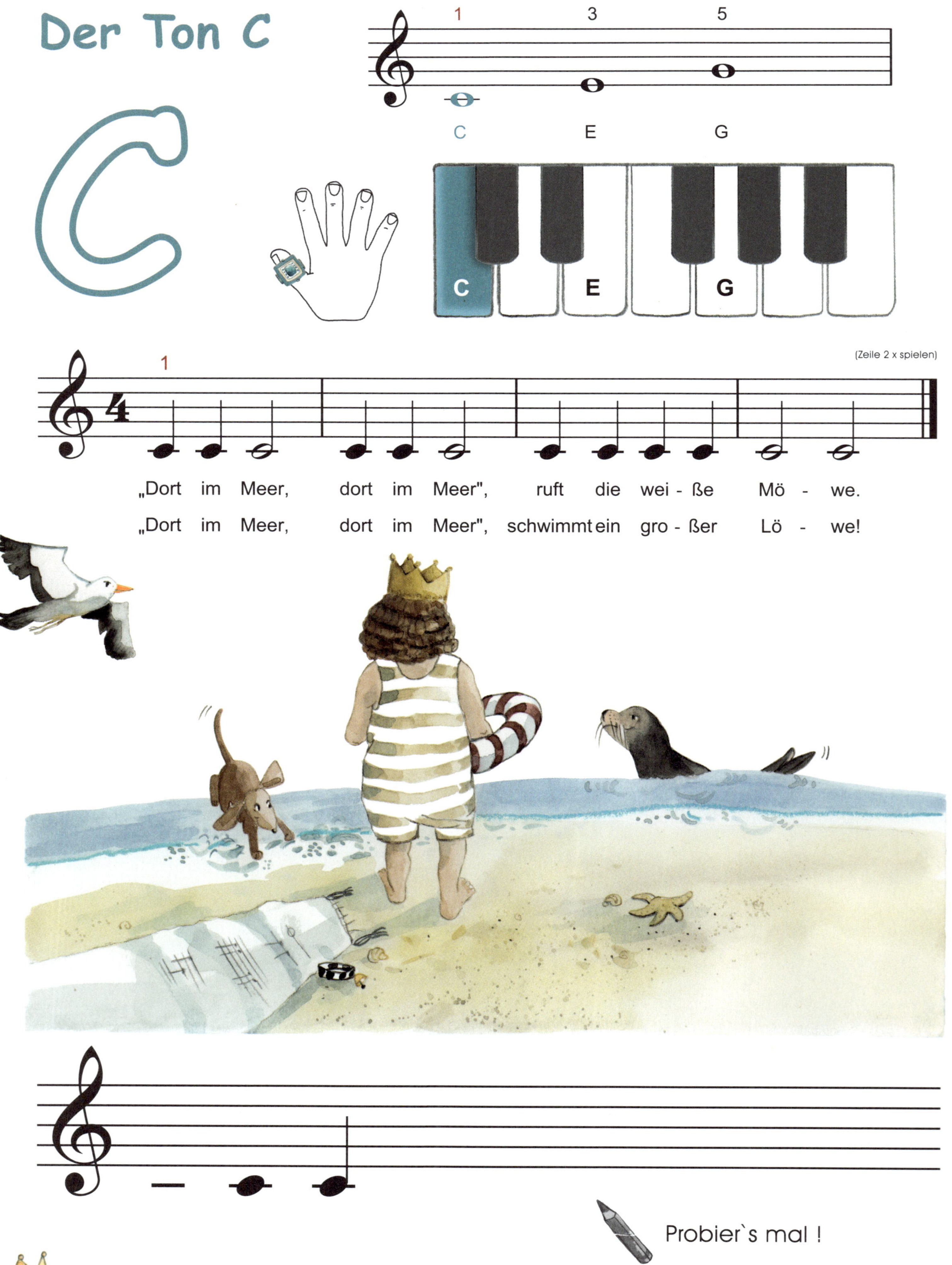
Der Ton C
1
3
5
C
E
G
C
E
G
1
(Zeile 2 x spielen)
„Dort im Meer, dort im Meer", ruft die wei - ße Mö - we.
„Dort im Meer, dort im Meer", schwimmt ein gro - ßer Lö - we!
Probier`s mal !

Auf und ab

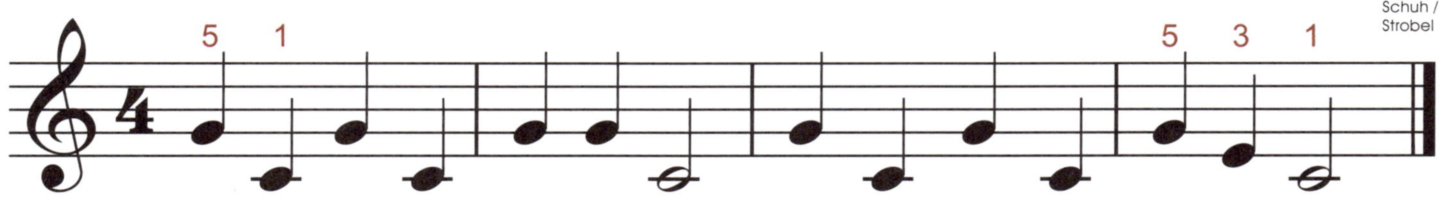

In den Wel - len auf und ab, fährt mein Schiff - lein je - den Tag.

Das C - E - G - Lied

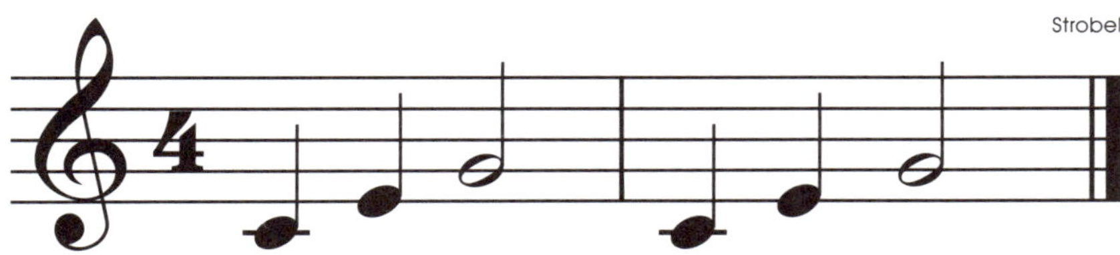

C E G blau - er

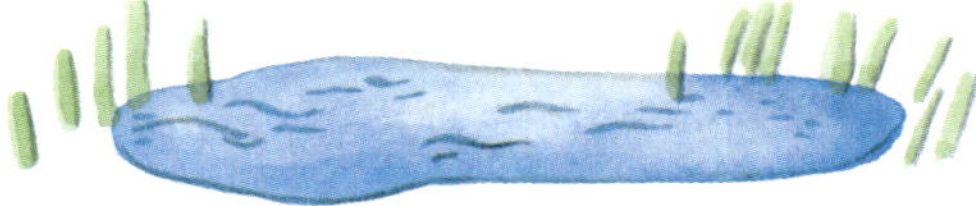

C E G grü - ner

C E G scheu-es

C E G gro - ßer

C E G gu - te

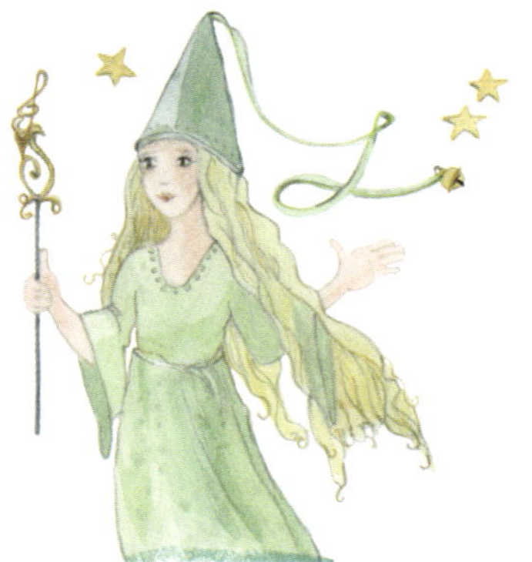

C E G . . . .

und jetzt:
C - E - G
rückwärts spielen

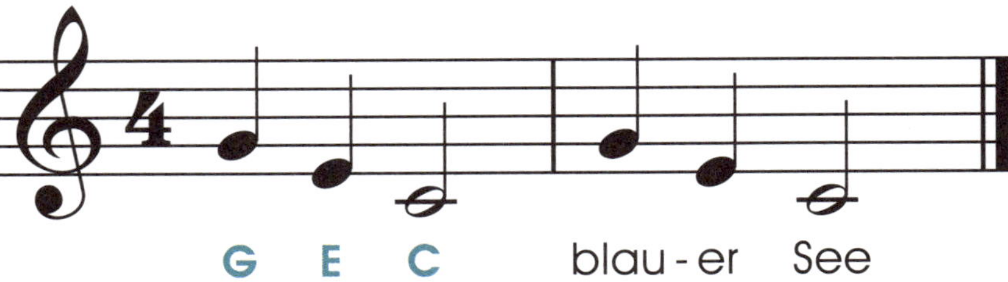

Der Ton F

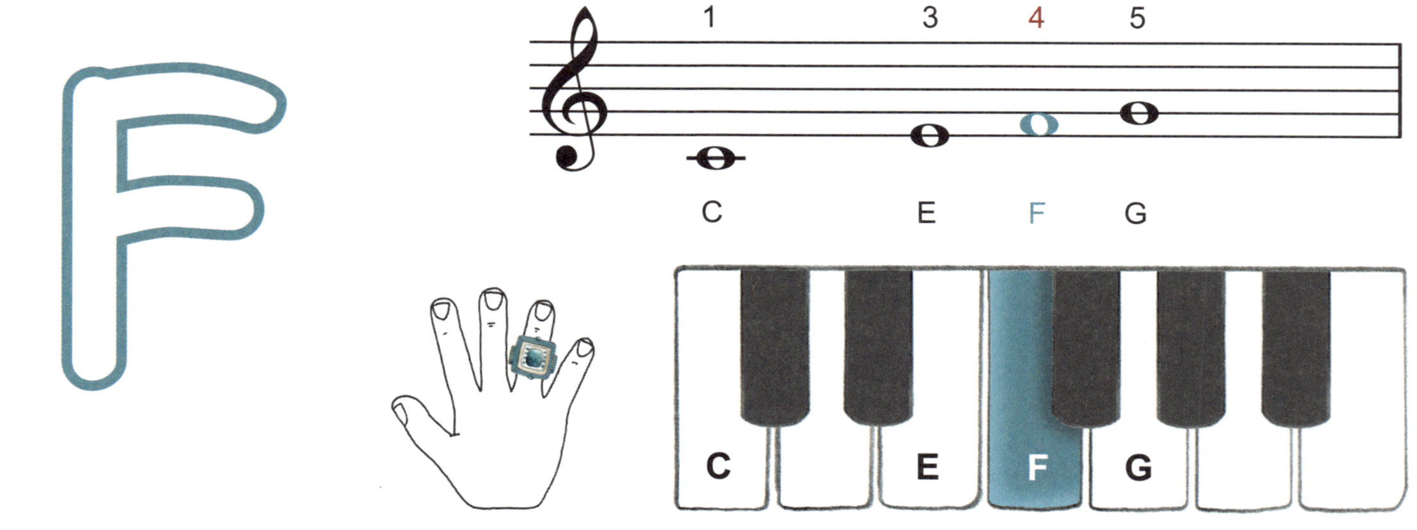

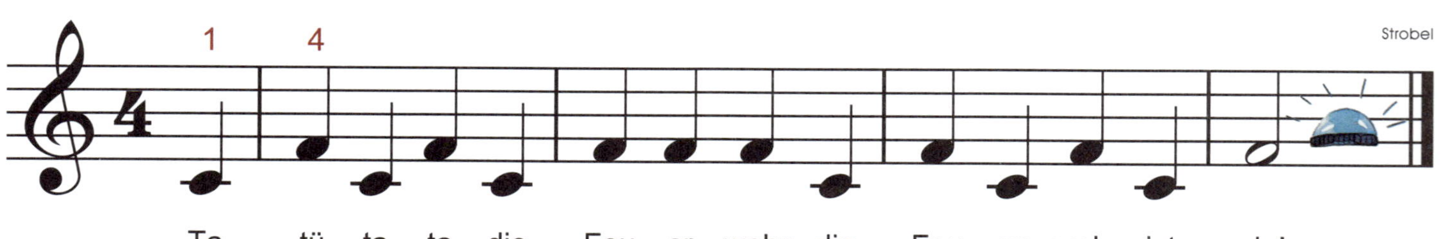

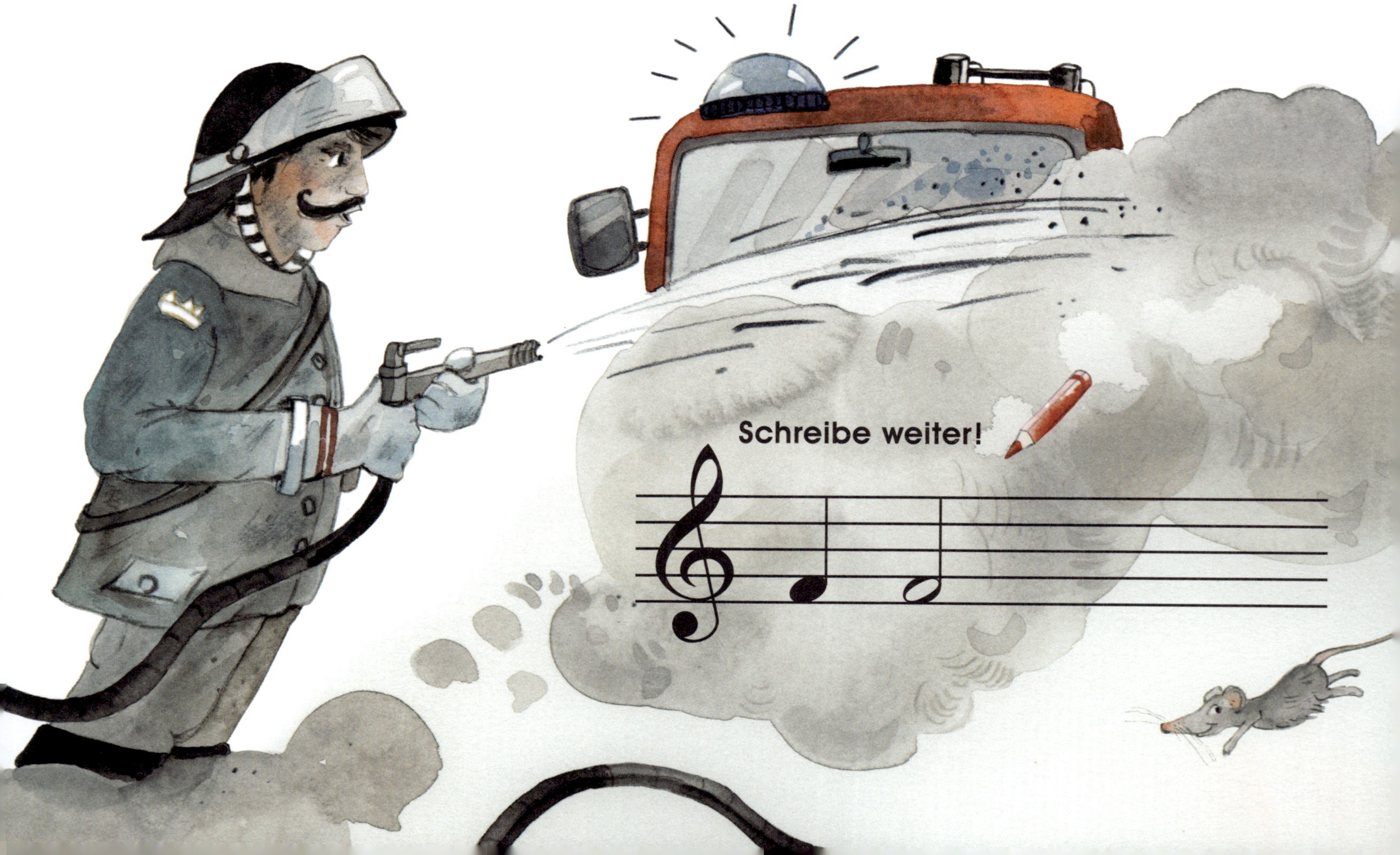

Schreibe weiter!

In der Küche hat's gebrannt

Schuh / Strobel

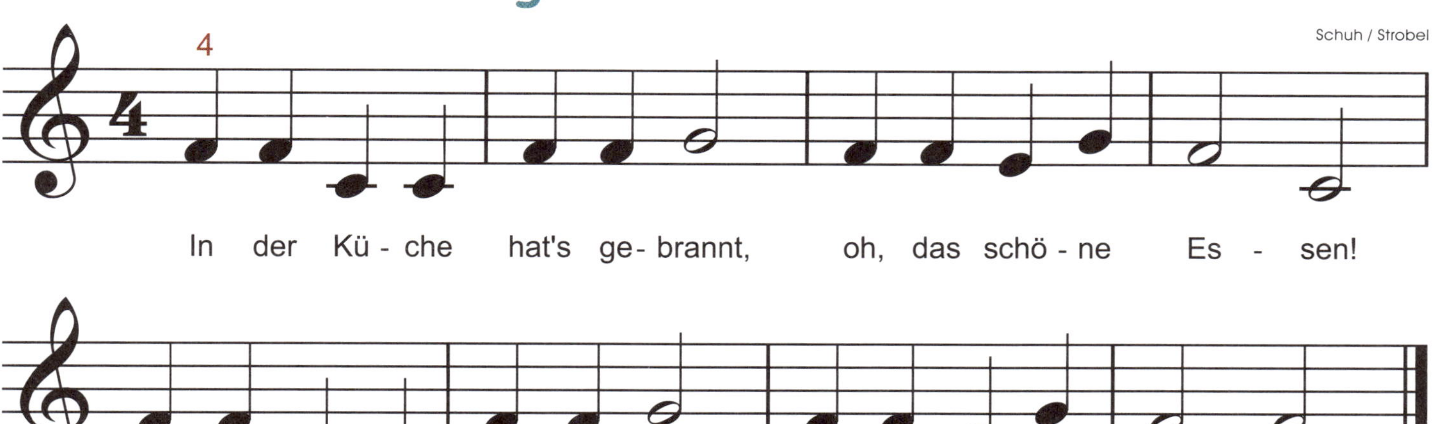

Kö - chin Ro - sa kommt ge - rannt, hat die Zeit ver - ges - sen!

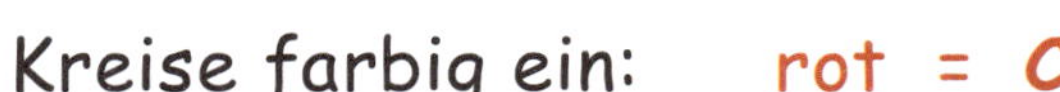
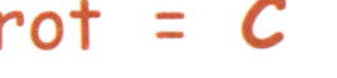
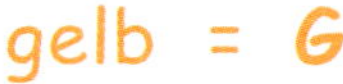

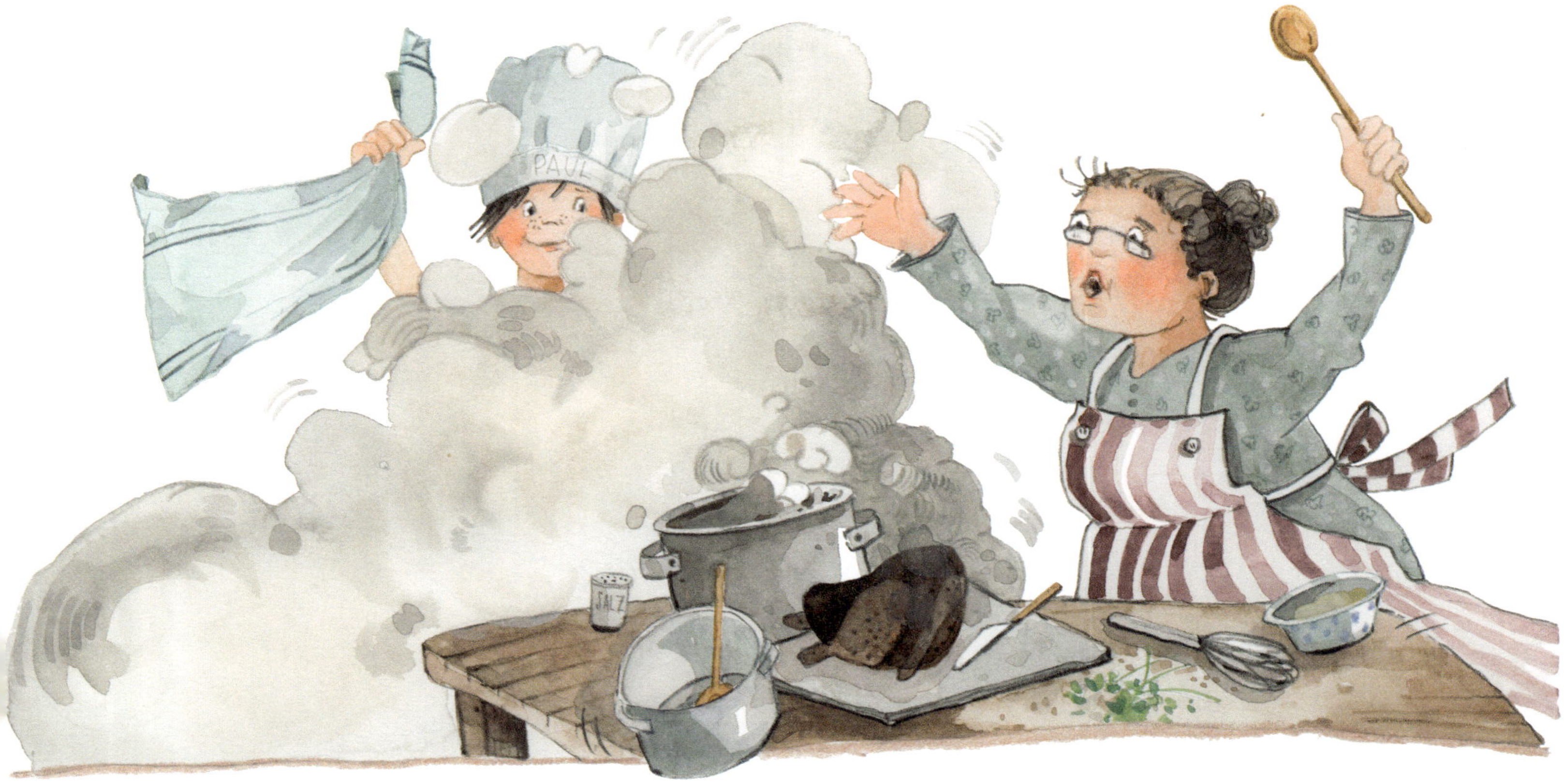

Kreise farbig ein: rot = C grün = F blau = E gelb = G

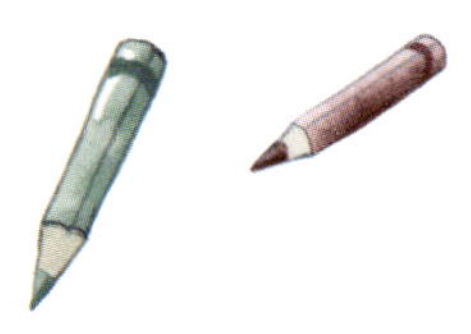

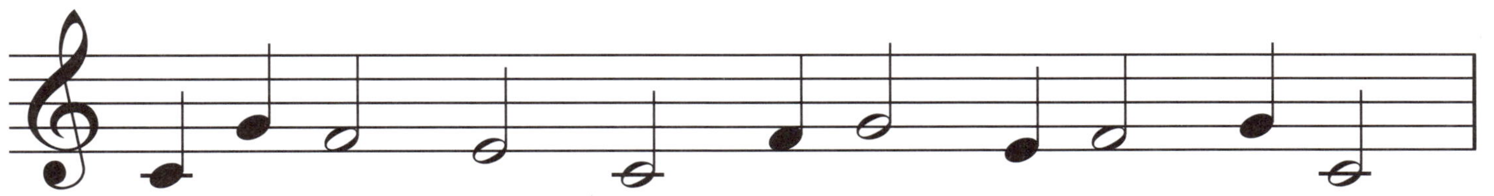

Der Ton D

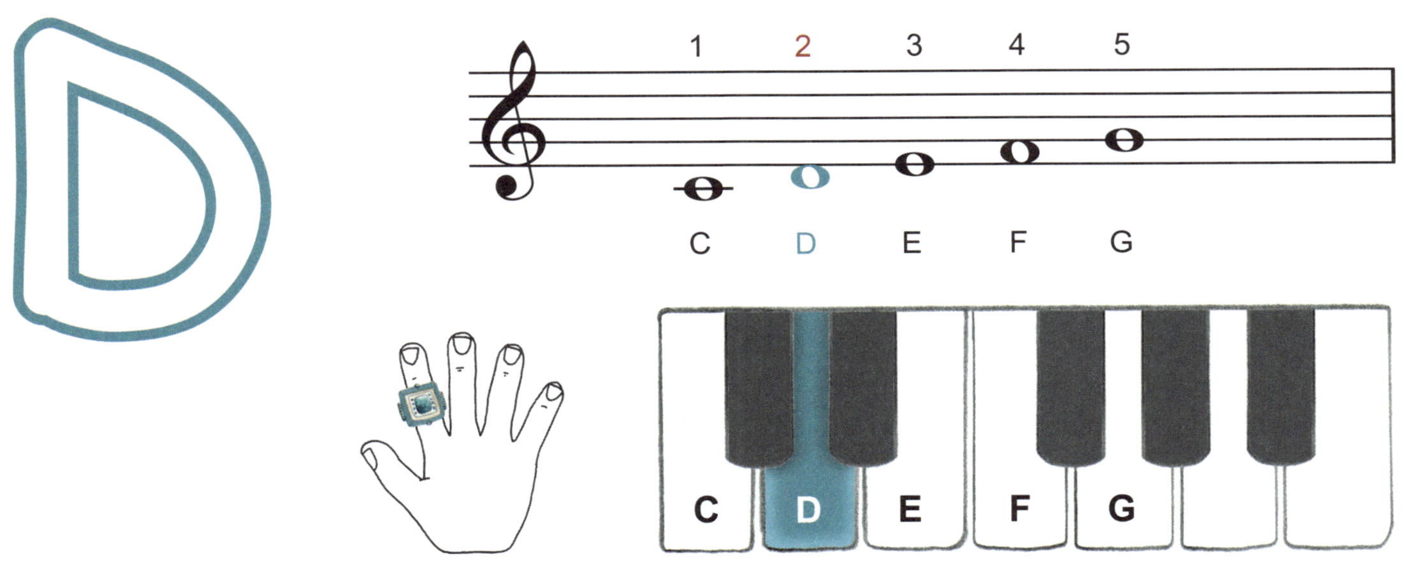

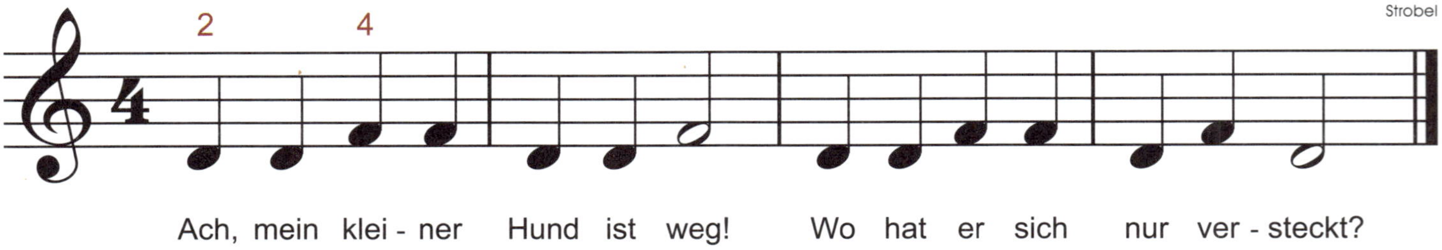

2 4

Strobel

Ach, mein klei - ner Hund ist weg! Wo hat er sich nur ver - steckt?

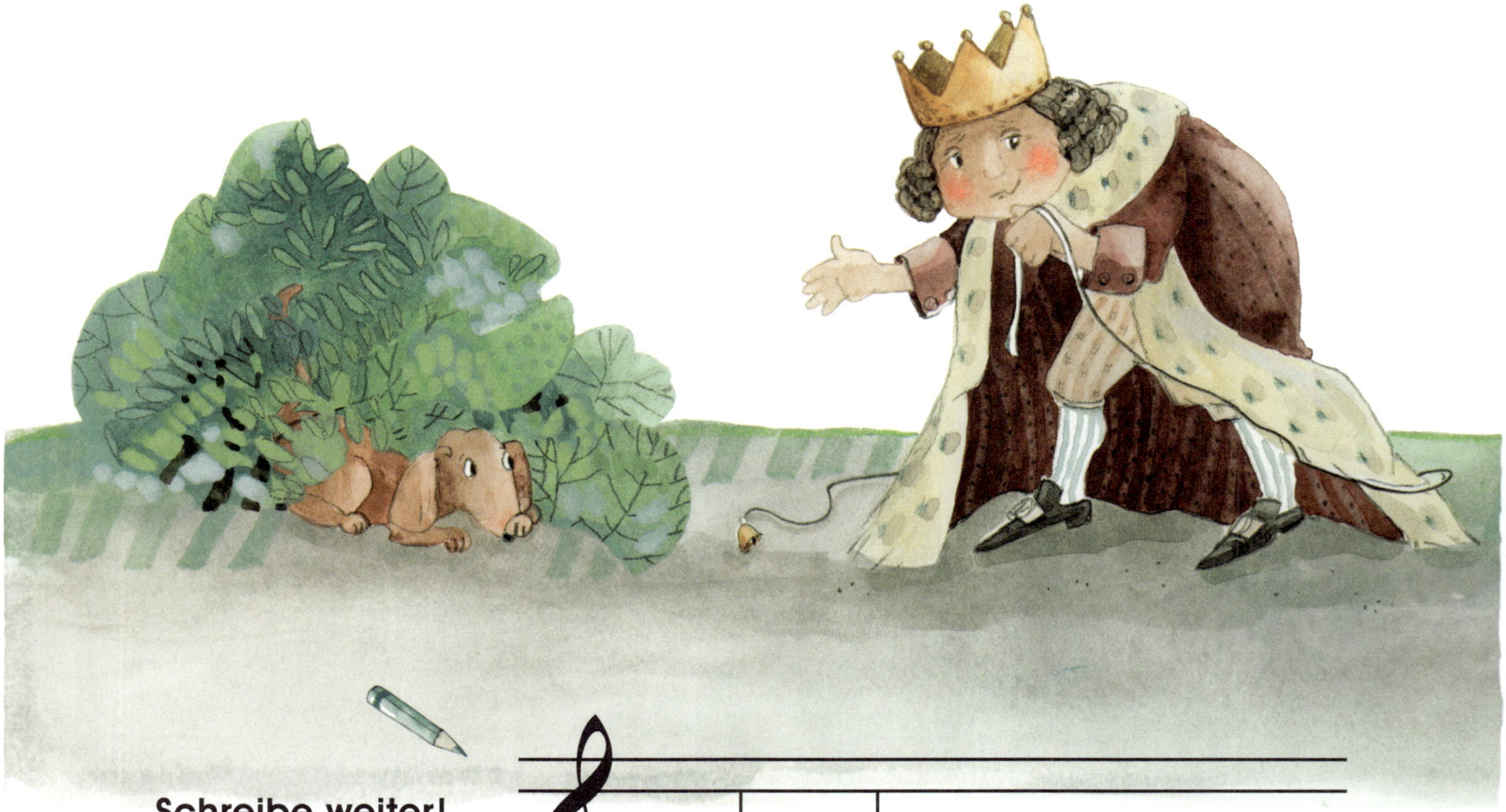

Schreibe weiter!

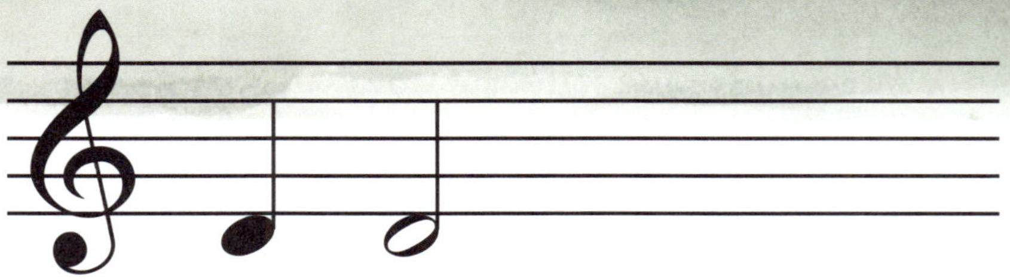

Wau, wau, wau

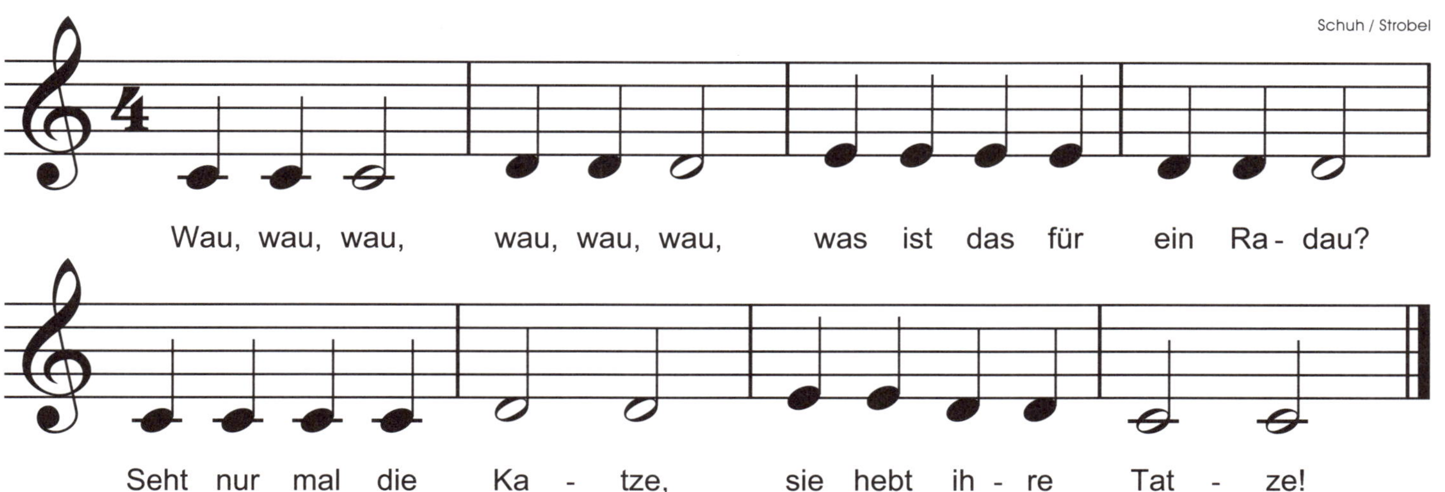

Endlich ist das Streiten aus

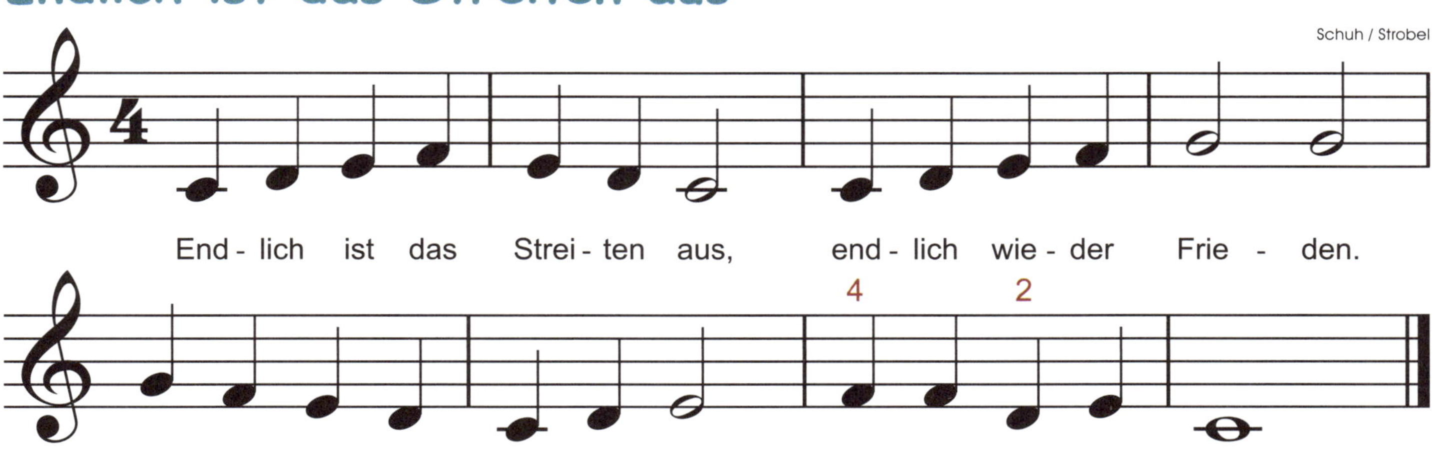

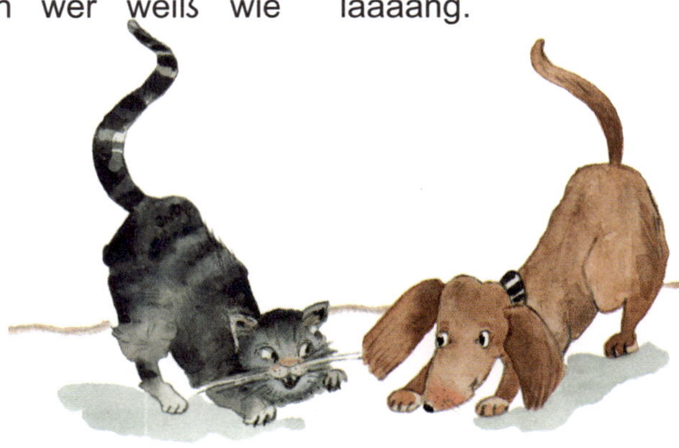

Die 4-Schlag-Note (Ganze Note)

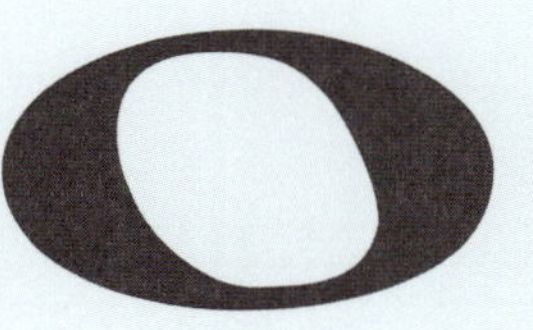

Zähle: 1 - 2 - 3 - 4

Die 4-Schlag-Note hat keinen Notenhals.

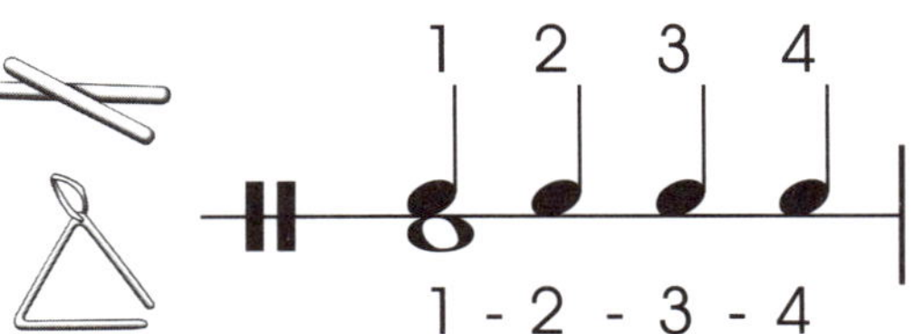

Summm, summm, summm

traditionell

5 2

Summm, summm, summm, Bien - chen summm he - rum.

3 2 3 2

Ei, wir tun dir nichts zu - lei - de, flieg nur aus in Wald und Hei - de.

5 2

Summm, summm, summm, Bien - chen summm he - rum.

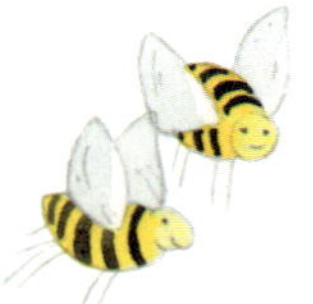

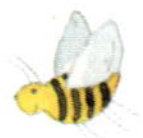

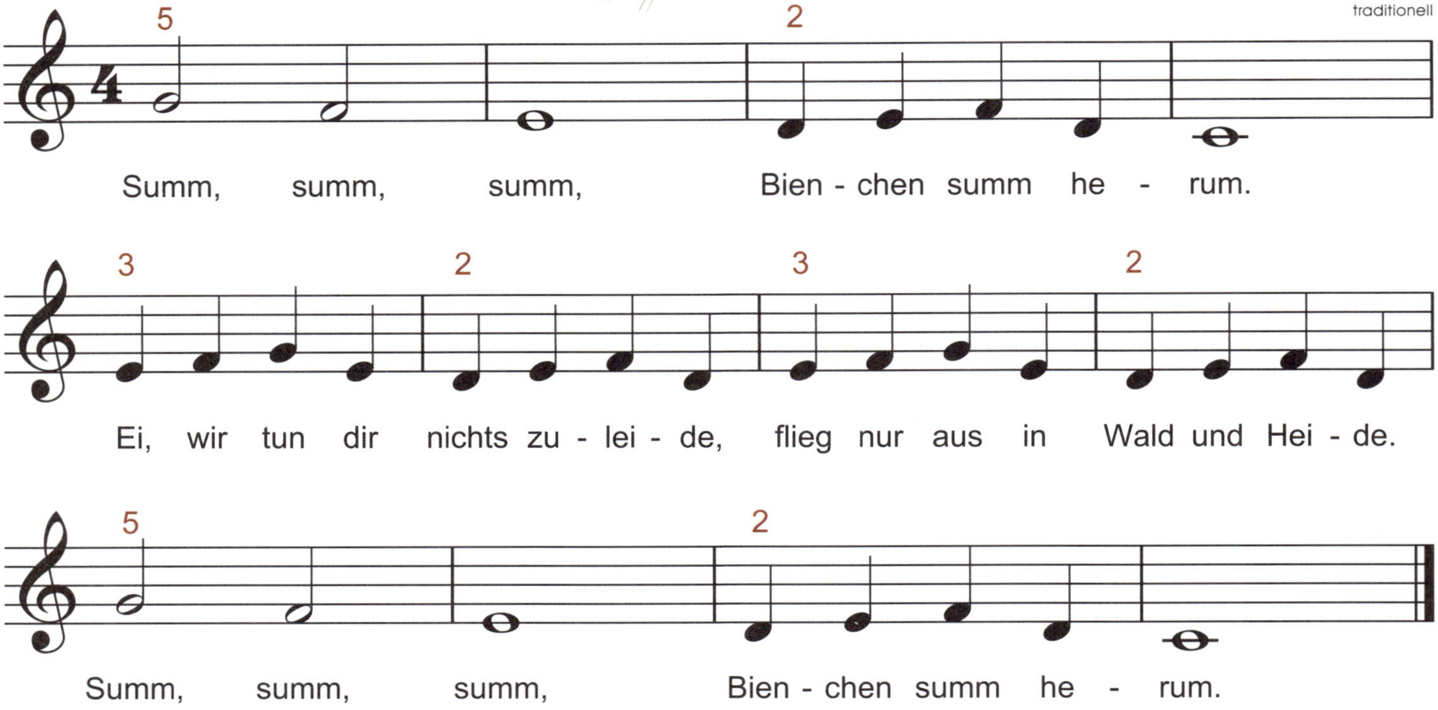

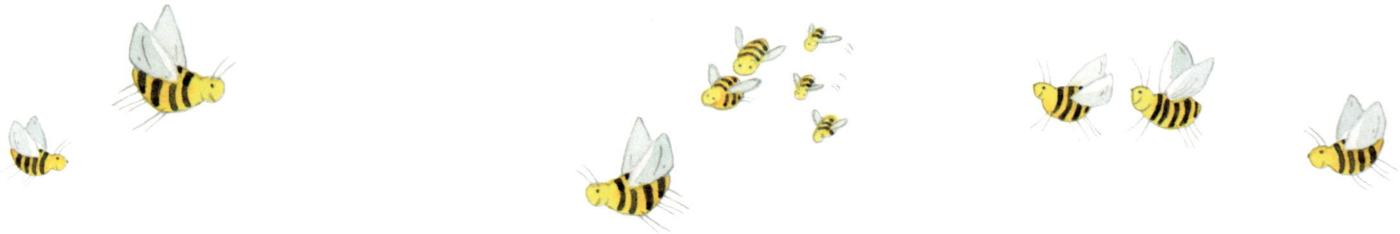

Fingerspaziergang

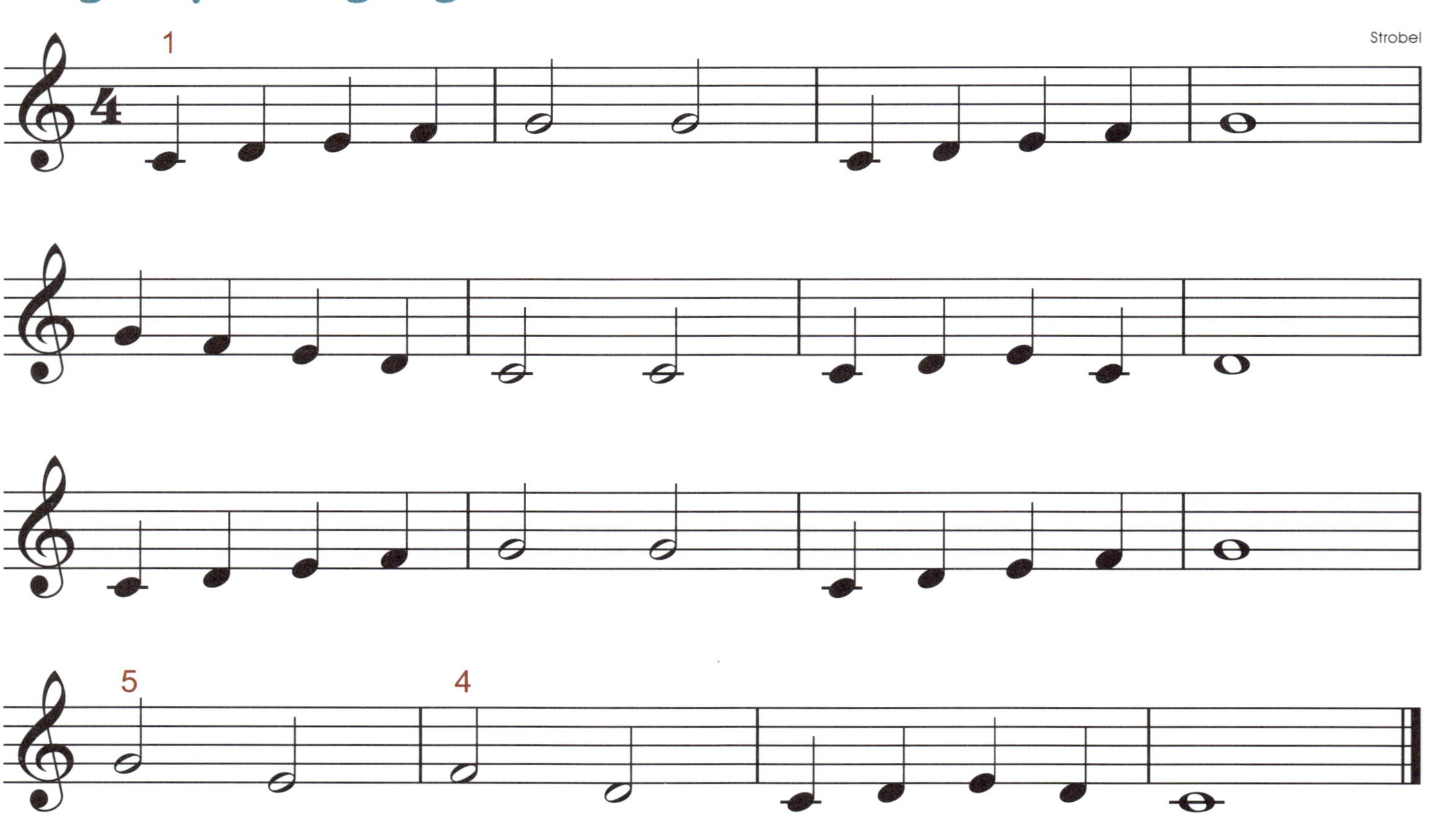

Merrily we roll along

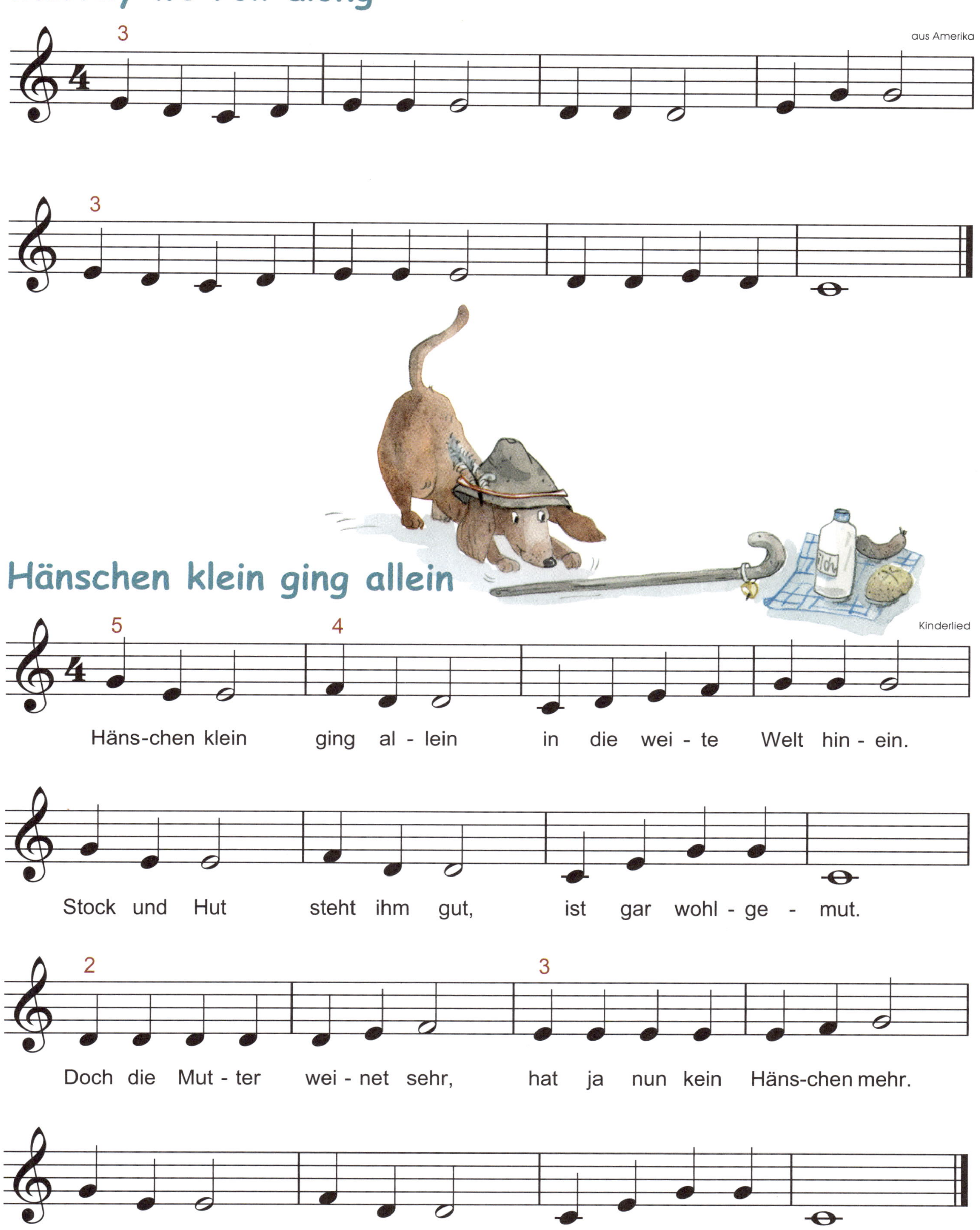

Klatsch-Tanz

Strobel

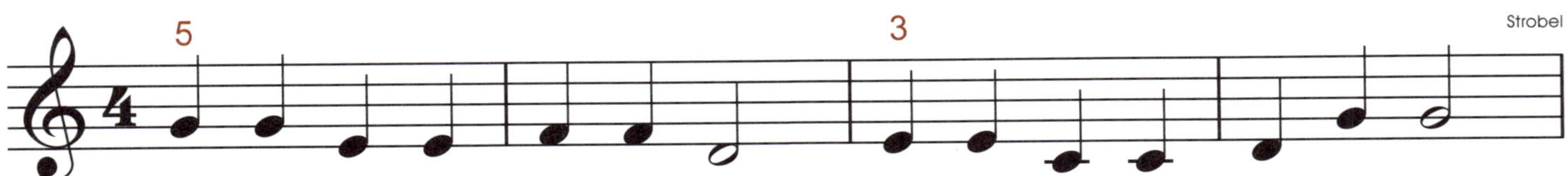

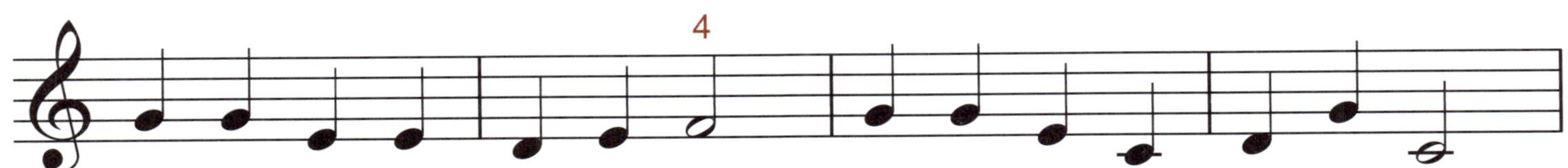

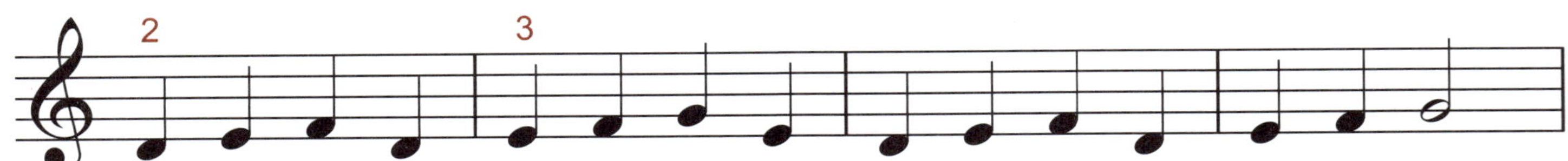

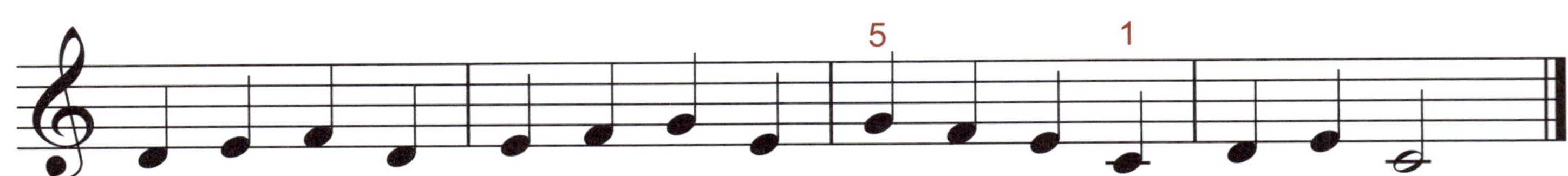

Male deine Hände!

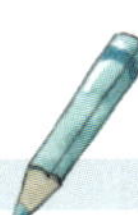

Klipp und Klapp

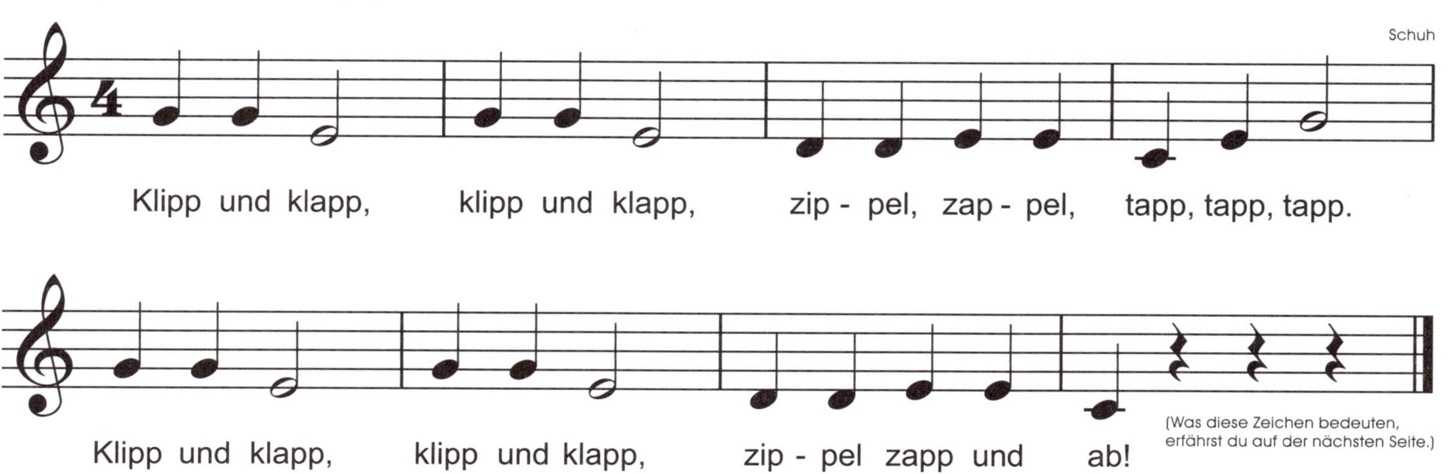

Rhythmus klatschen im 4er-Takt

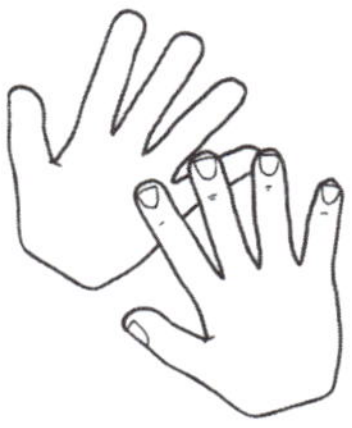

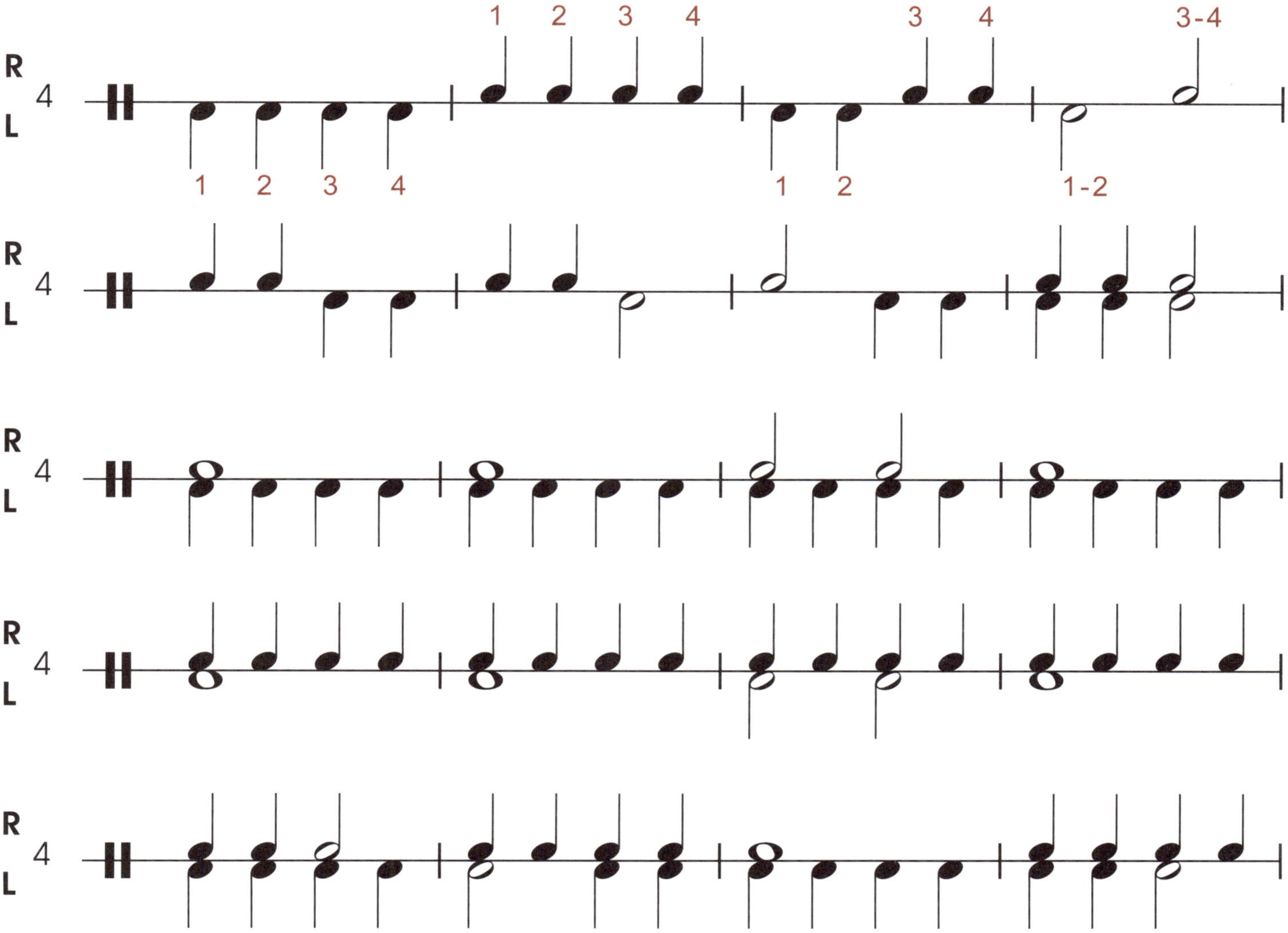

R
4
L

1 2 3 4 3 4 3-4

1 2 3 4 1 2 1-2

R
4
L

R
4
L

R
4
L

R
4
L

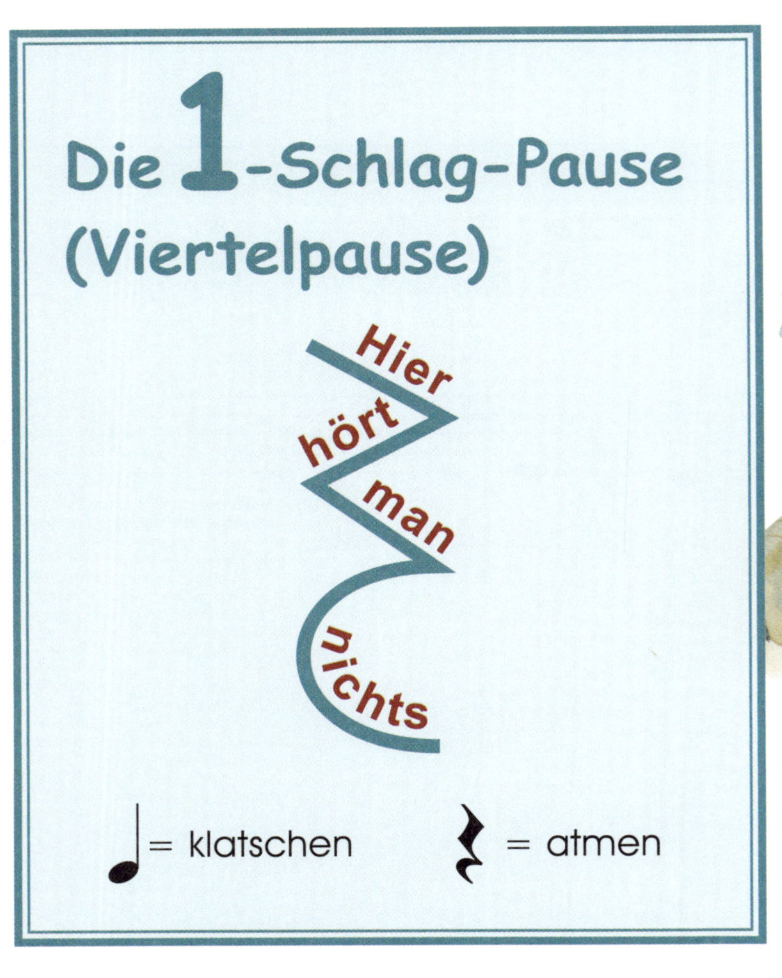

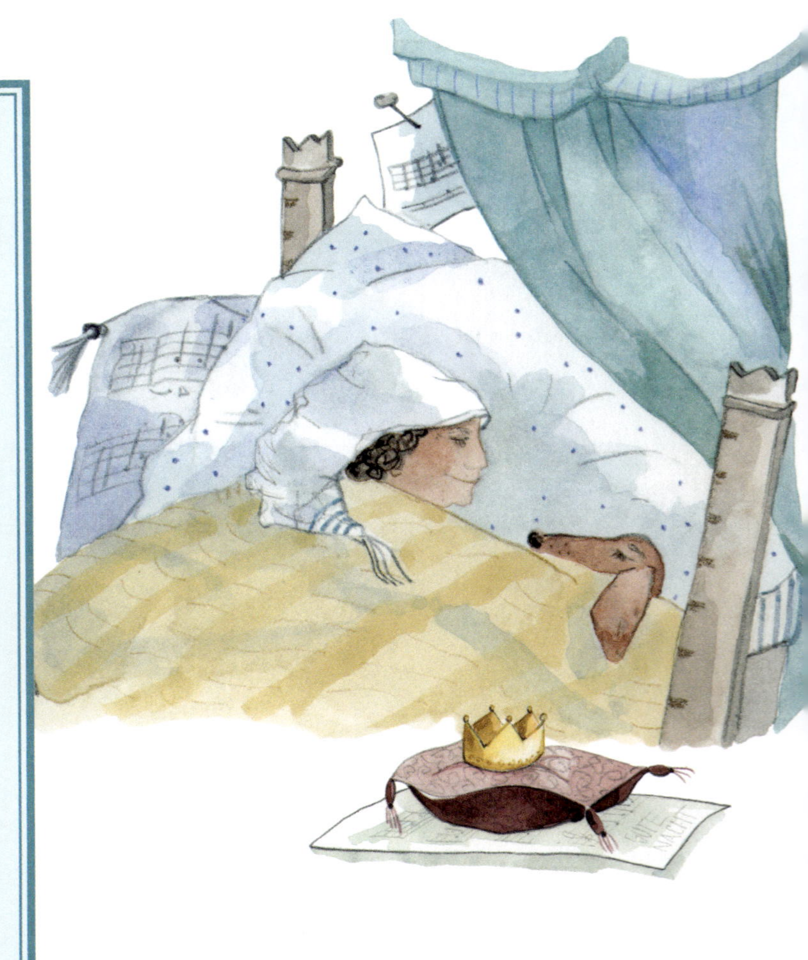

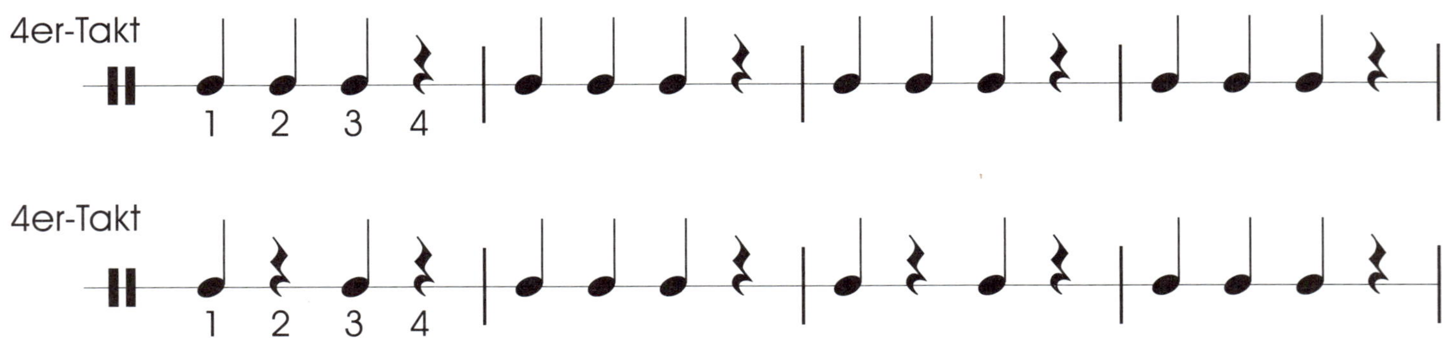

Schlaf, König, schlaf

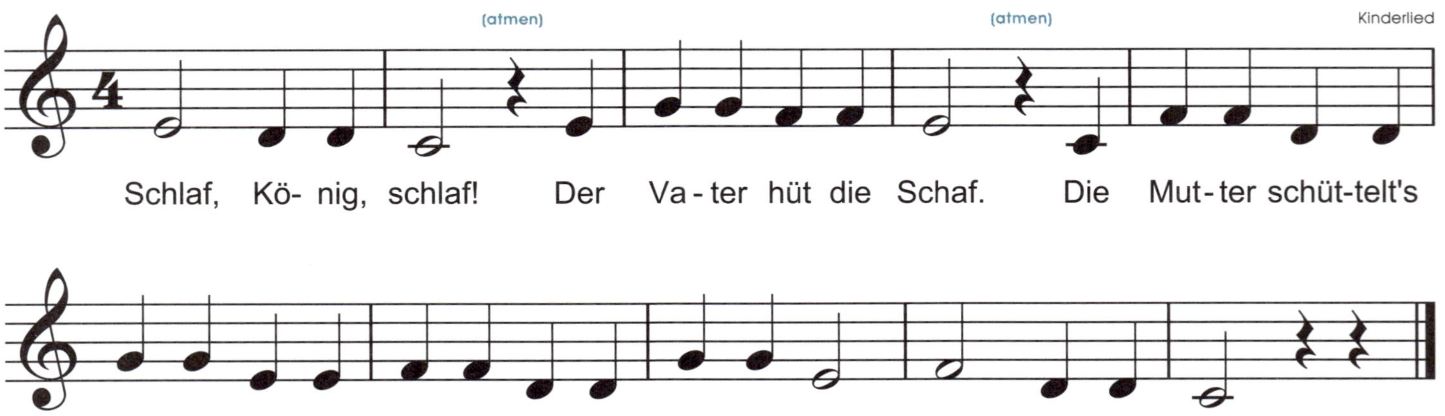

Hopp, hopp, lauf mein Pferdchen

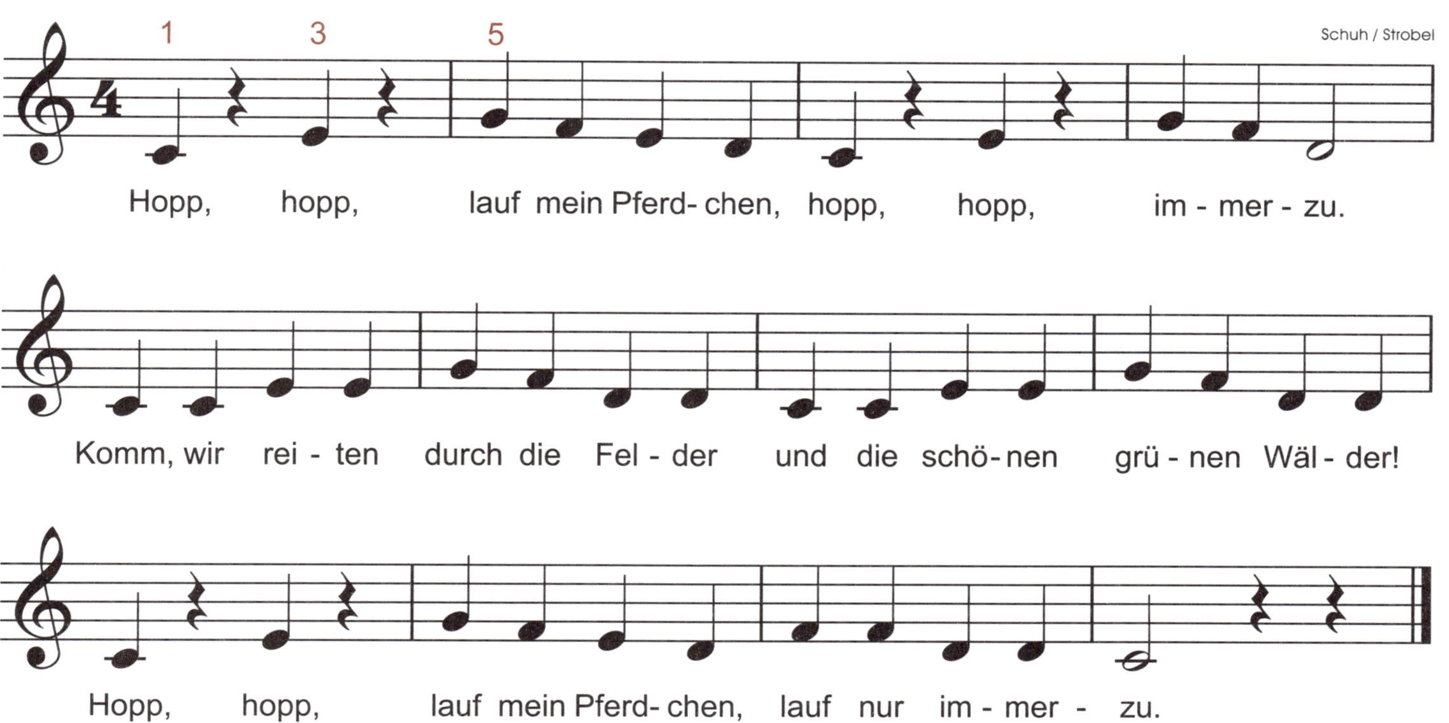

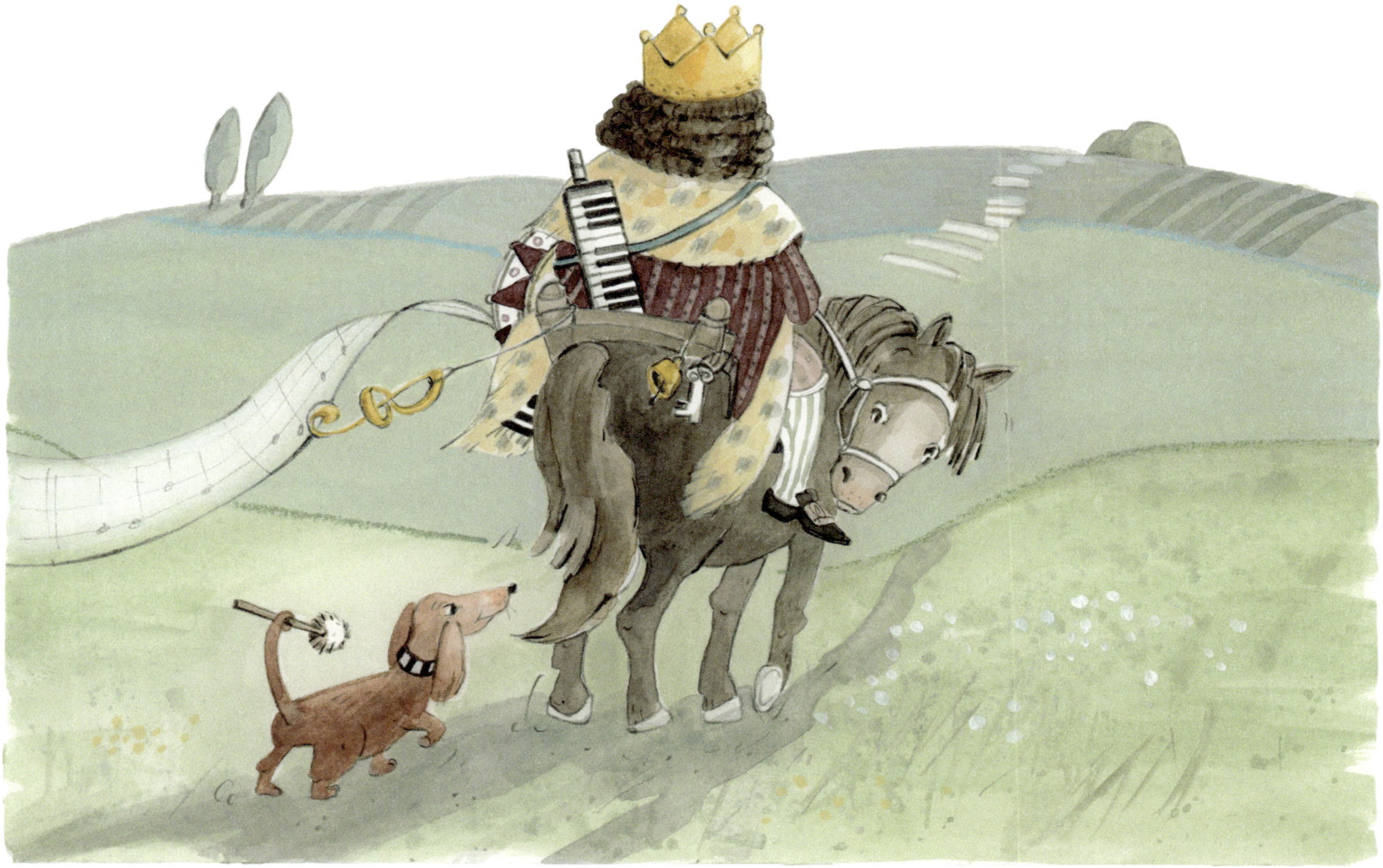

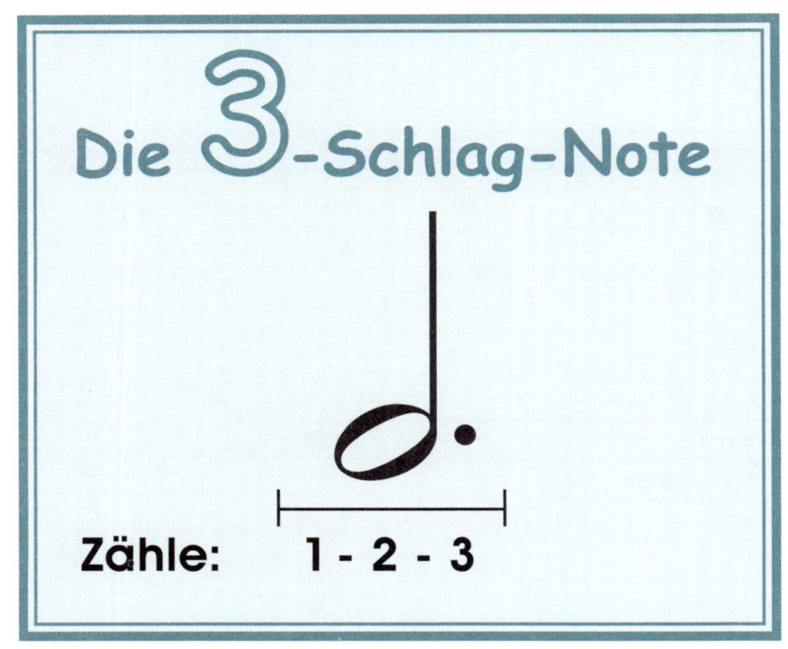

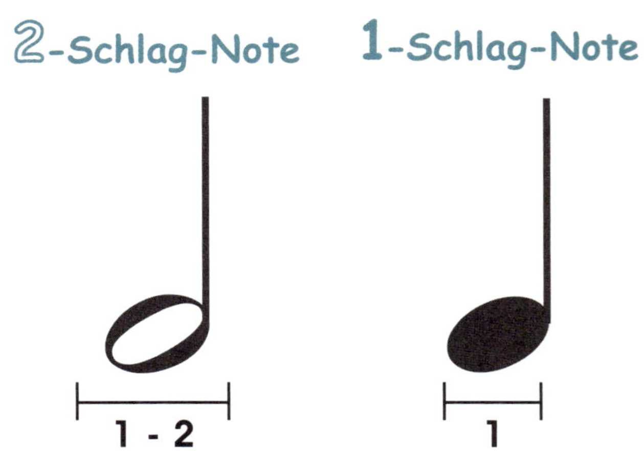

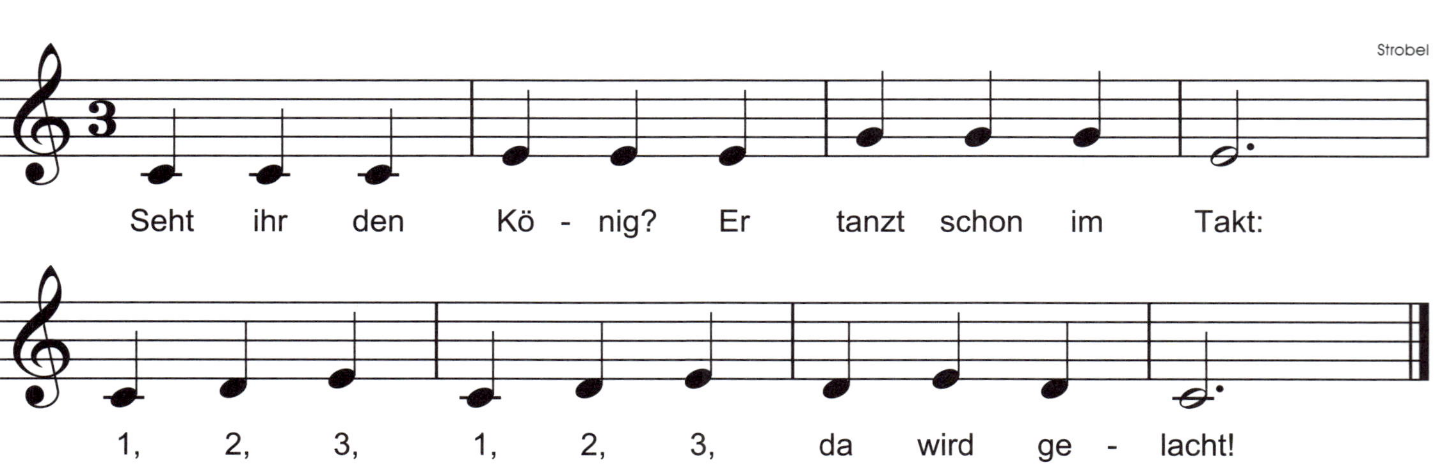

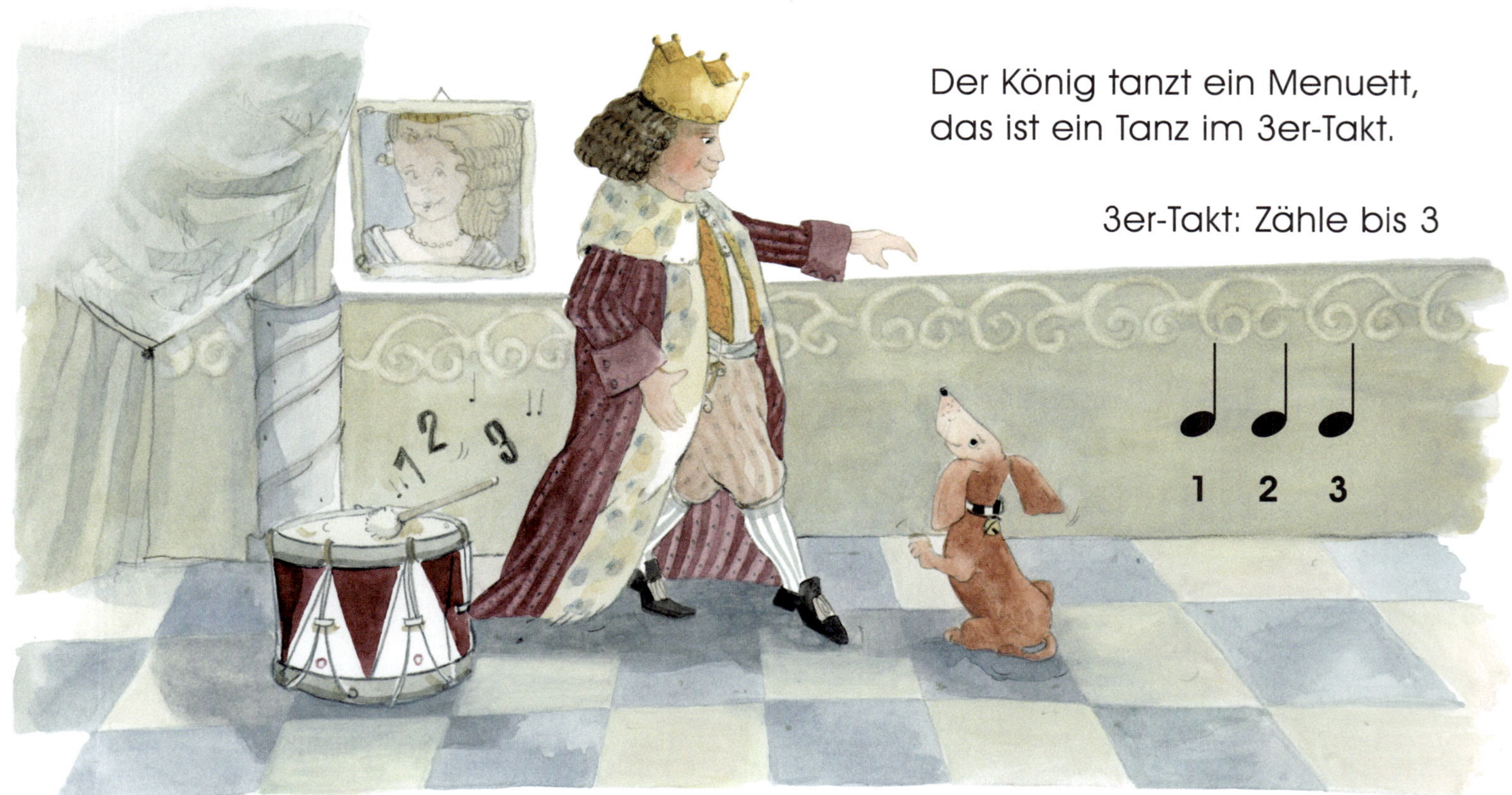

Der König tanzt ein Menuett, das ist ein Tanz im 3er-Takt.

3er-Takt: Zähle bis 3

Kleines Menuett

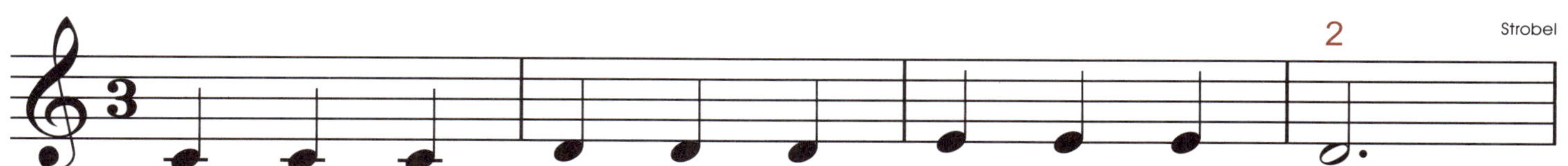

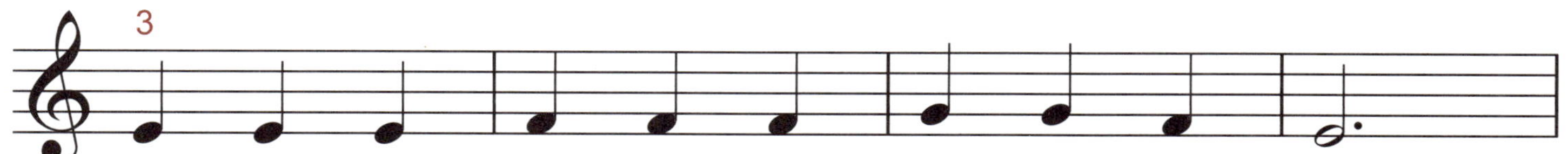

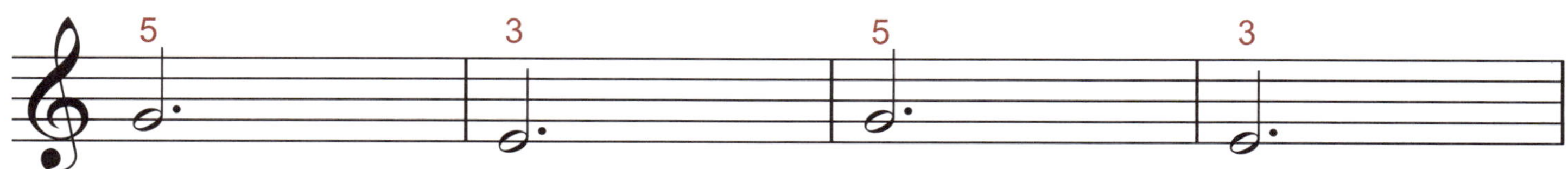

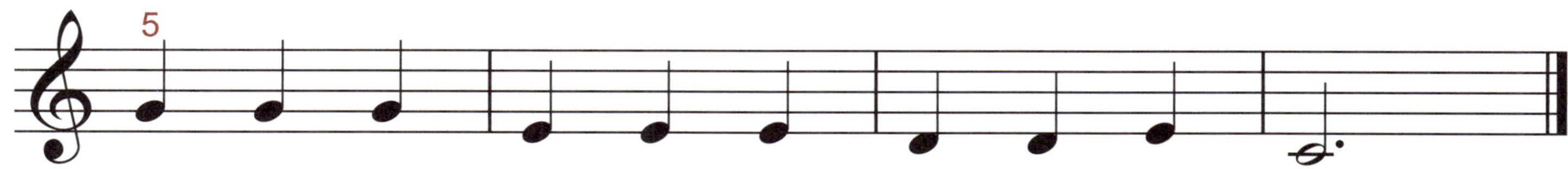

Dackeltanz

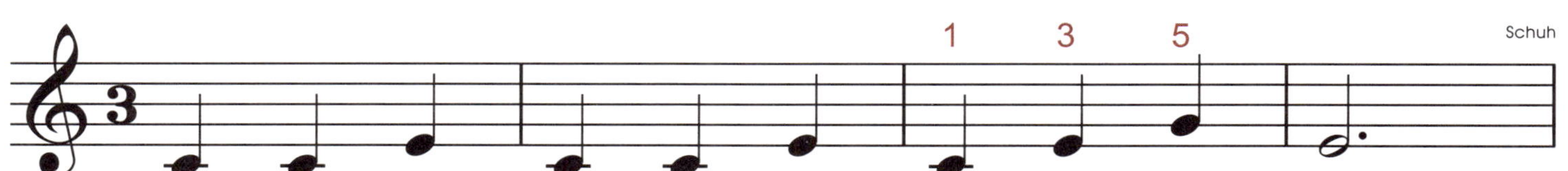

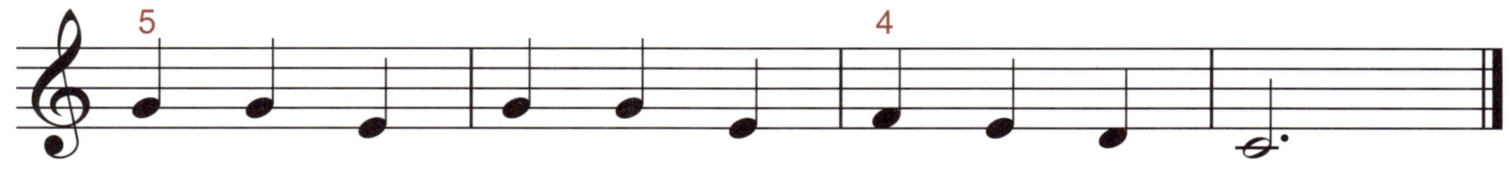

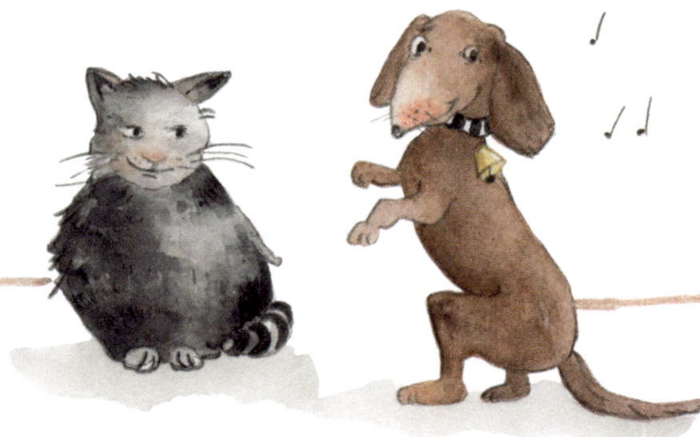

Im 3er-Takt

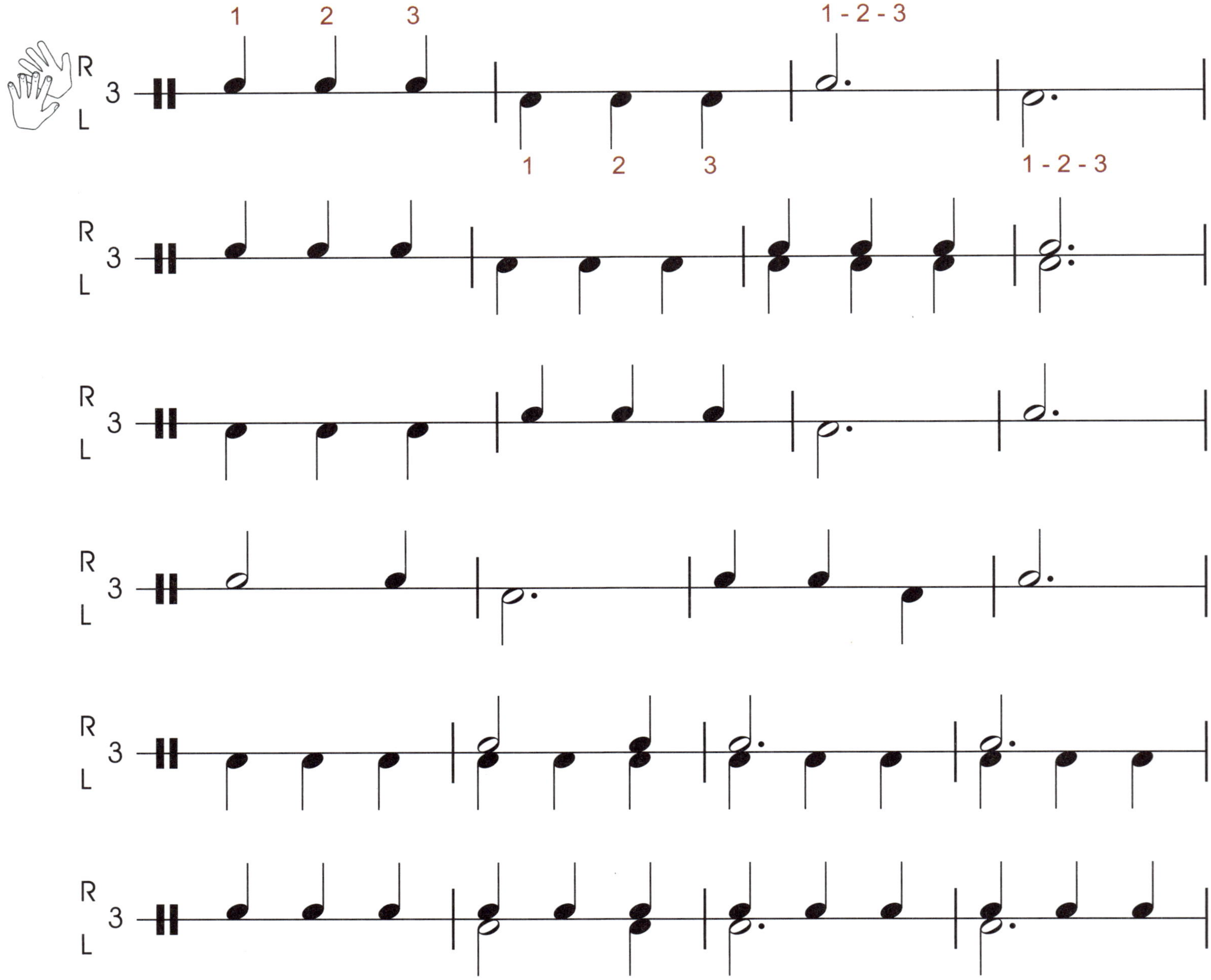

1 2 3 1 - 2 - 3

R
3
L

1 2 3 1 - 2 - 3

R
3
L

R
3
L

R
3
L

R
3
L

R
3
L

Hier fehlt noch etwas. Vervollständige die 3er-Takte!

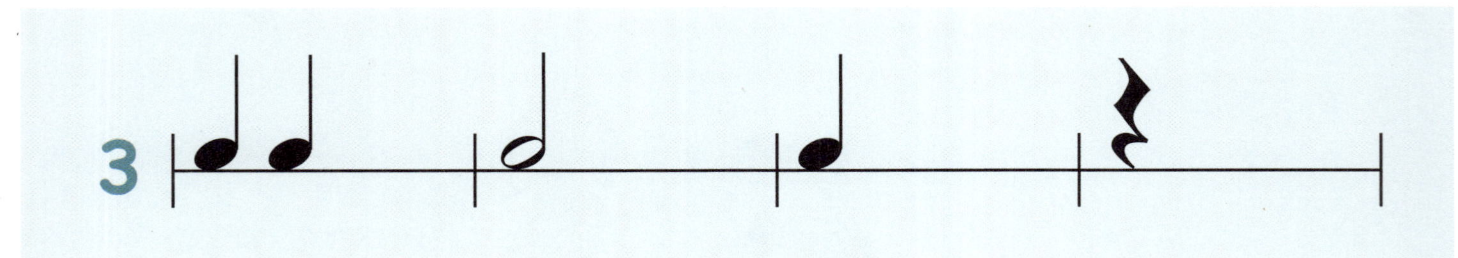

Der Königswalzer

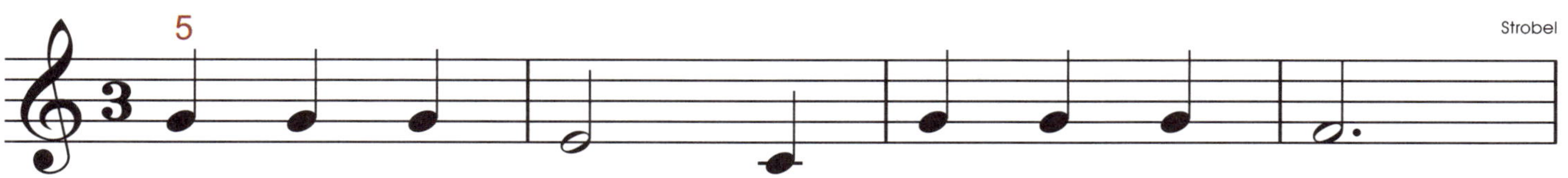

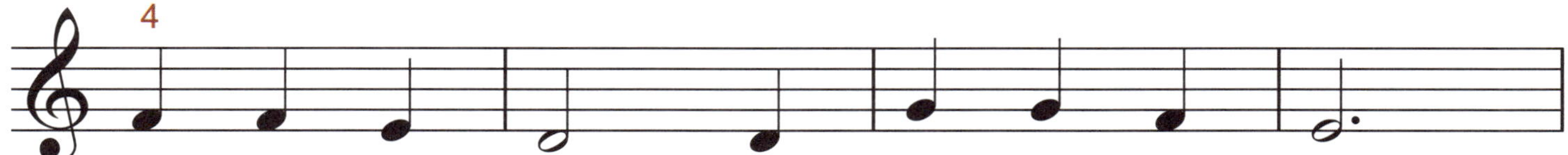

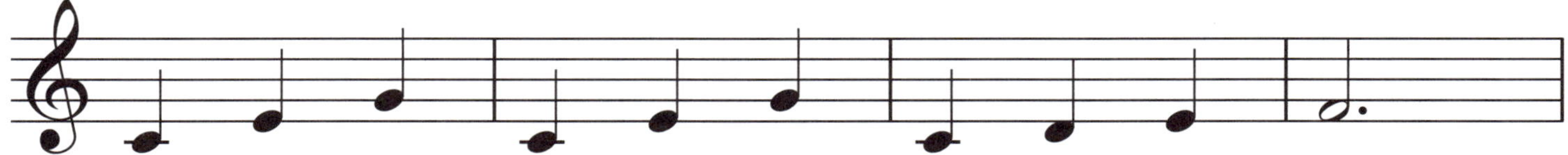

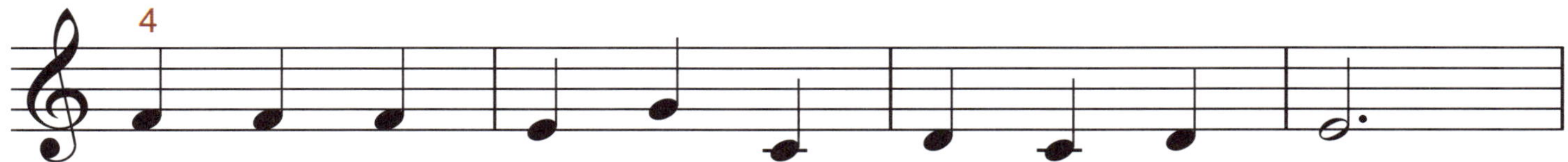

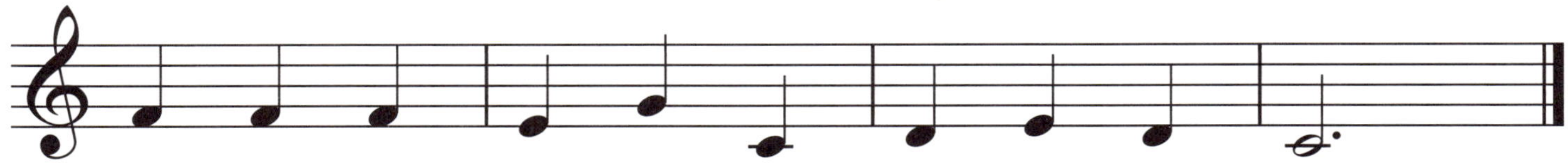

Kommt und lasst uns tanzen

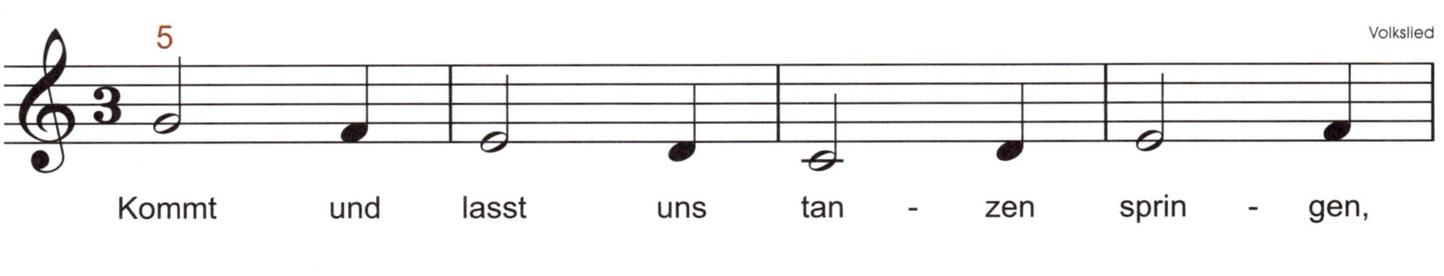

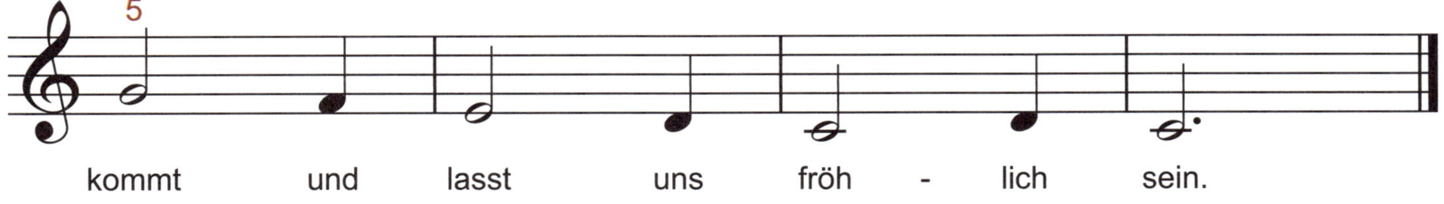

Aus der Liederschatzkiste

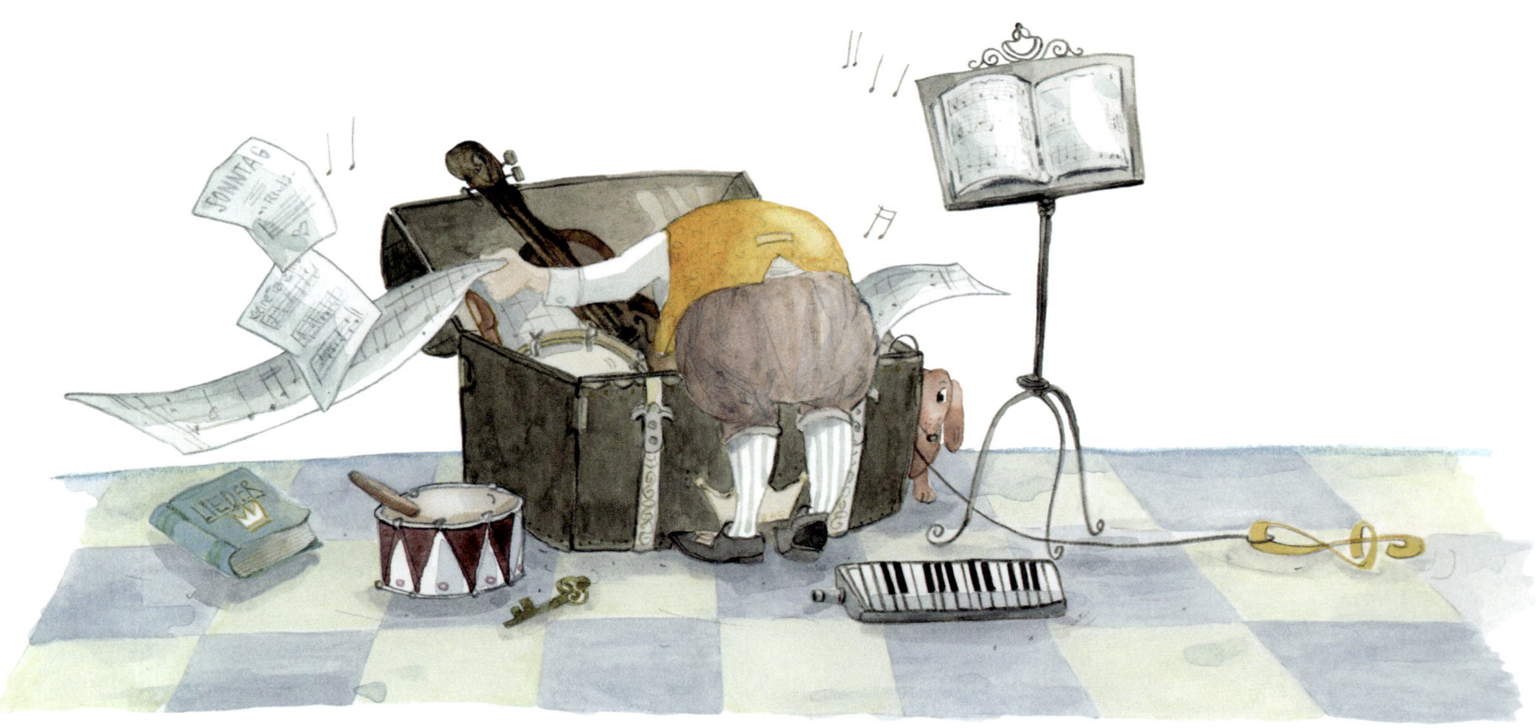

Hänsel und Gretel

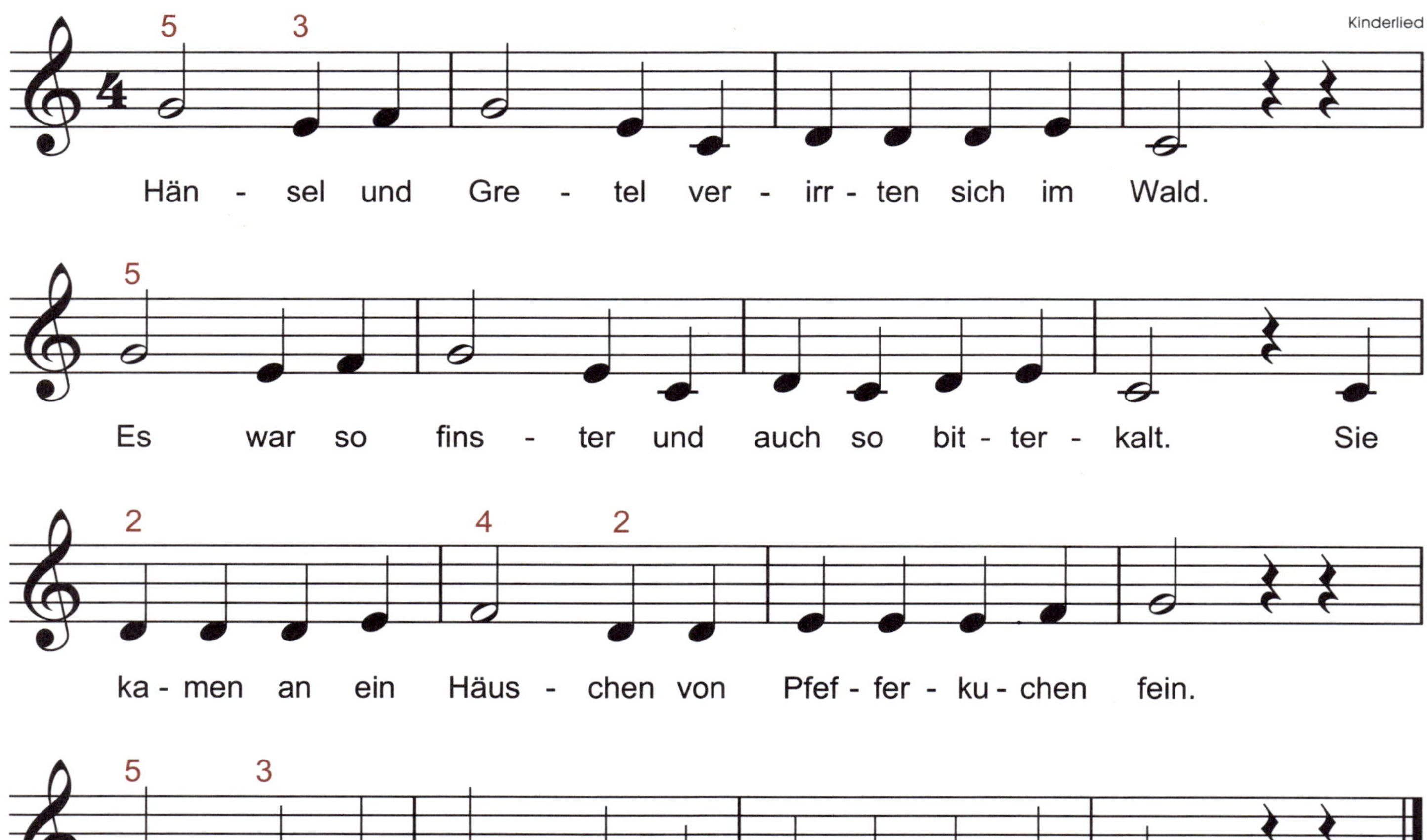

Hutsch-he

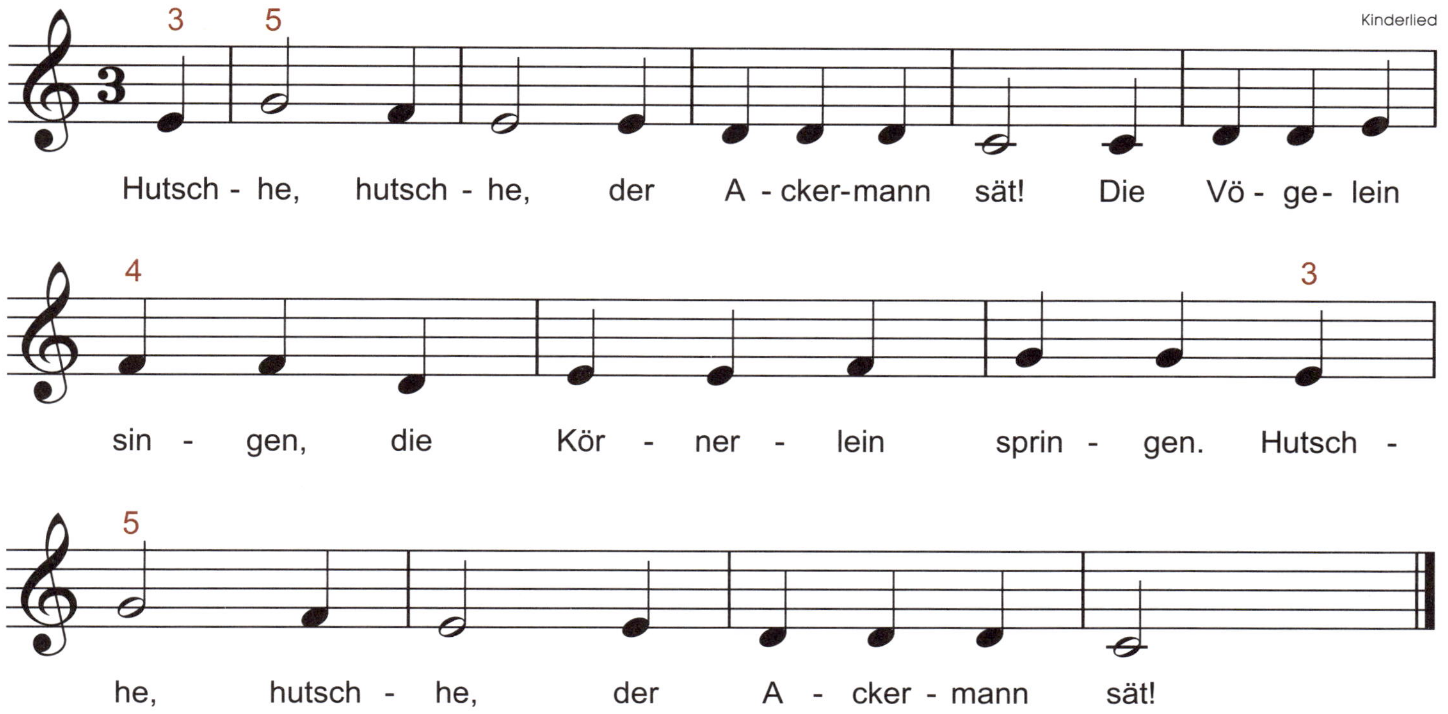

Gubben Noak

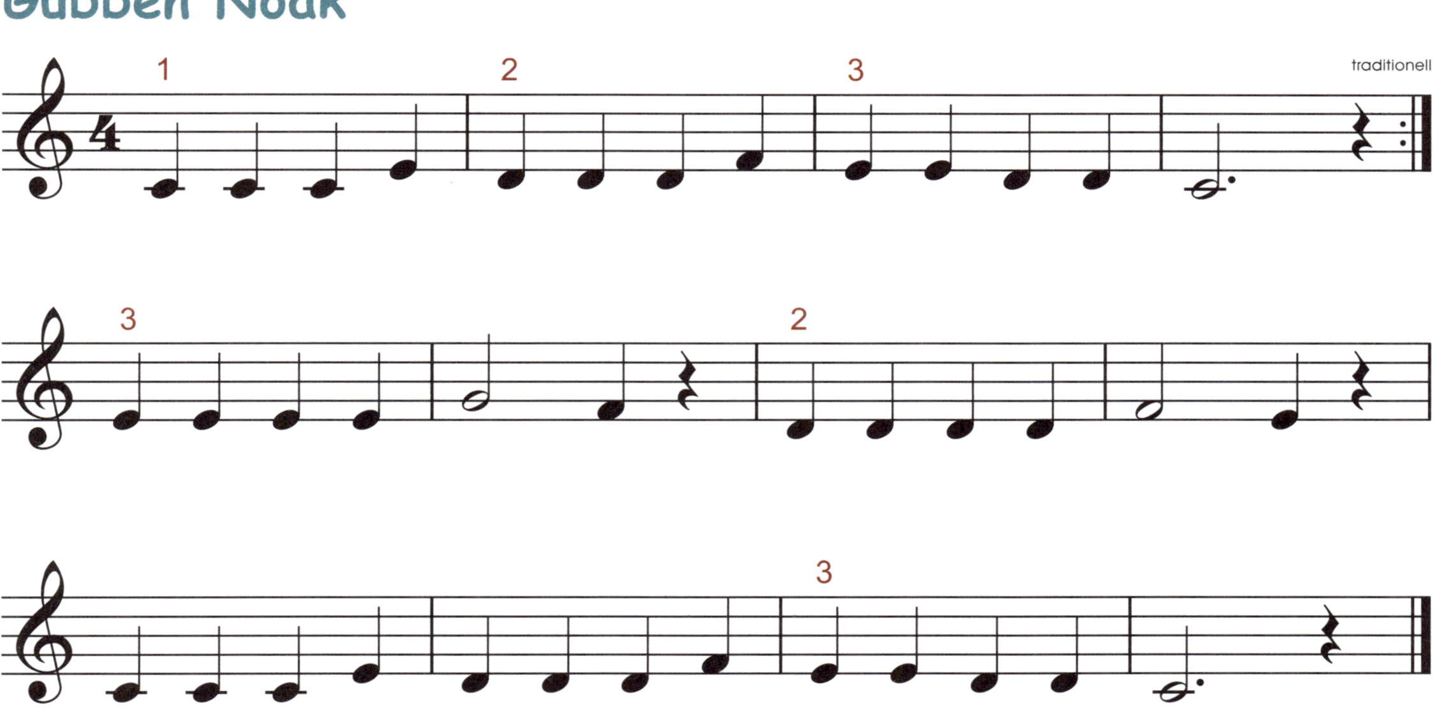

Das Wiederholungszeichen:

Große Uhren gehen tick, tack

Der kleine Tastenkönig besitzt eine wertvolle Uhrensammlung. Er hat eine große Standuhr, Tischuhren und jede Menge Taschenuhren.

Sprechvers:

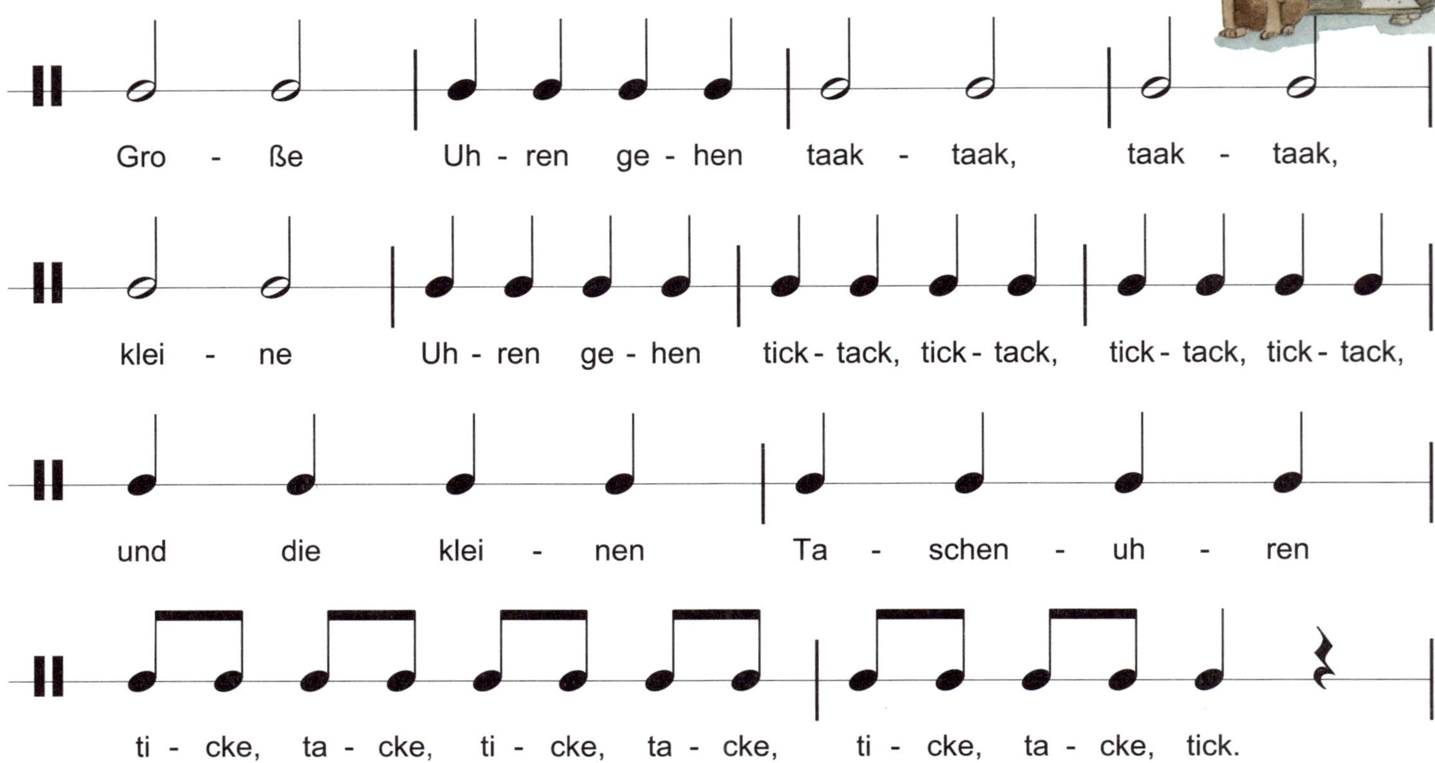

Rhythmen in der Uhrensprache

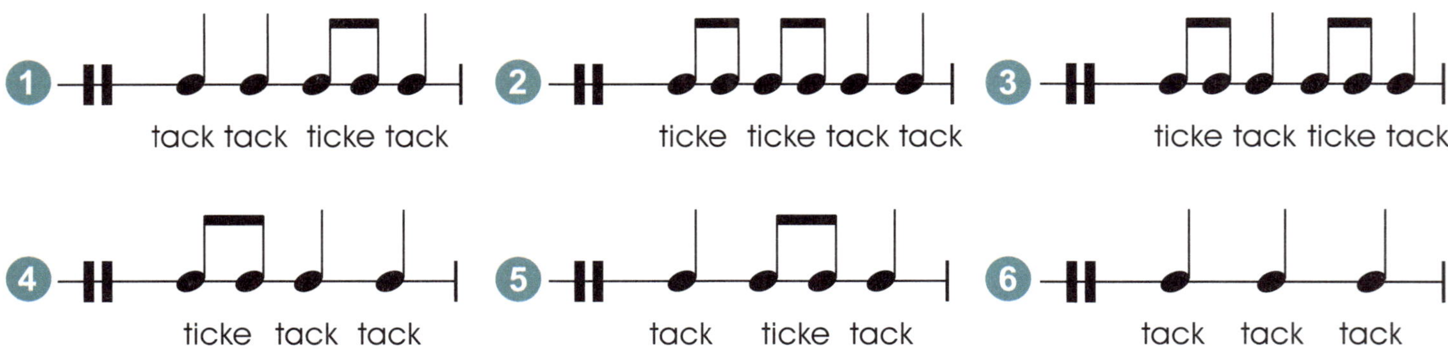

Idee 1: Sprich und begleite dich so: **ti-cke** **klatschen** **tack** **patschen**

Idee 2: Klopfe die Rhythmen mit verschiedenen Fingern auf die Tischplatte!

Idee 3: Ticke (in die eigenen Hände klatschen), tack (zu einem Partner klatschen)

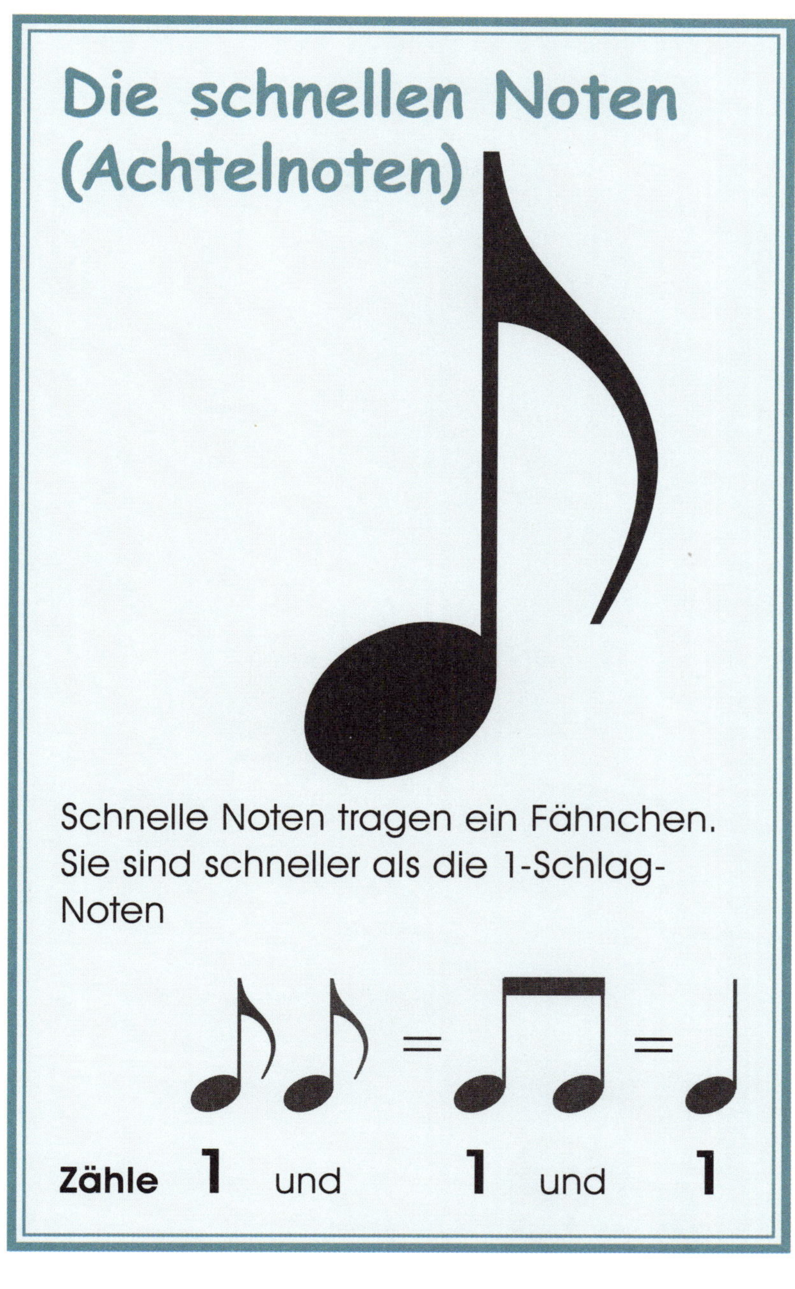

Sind sie zu zweit, zu dritt oder zu viert, werden sie mit einem Balken verbunden.

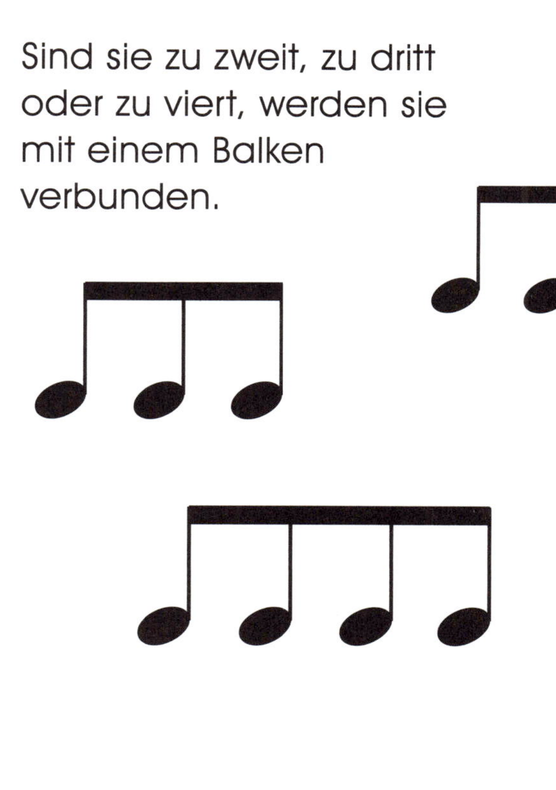

Klatschübung:

Während du mit der einen Hand einmal auf den Tisch **schlägst**, kann die andere Hand in der gleichen Zeit **zweimal schnell schlagen**. Probier es gleich aus:

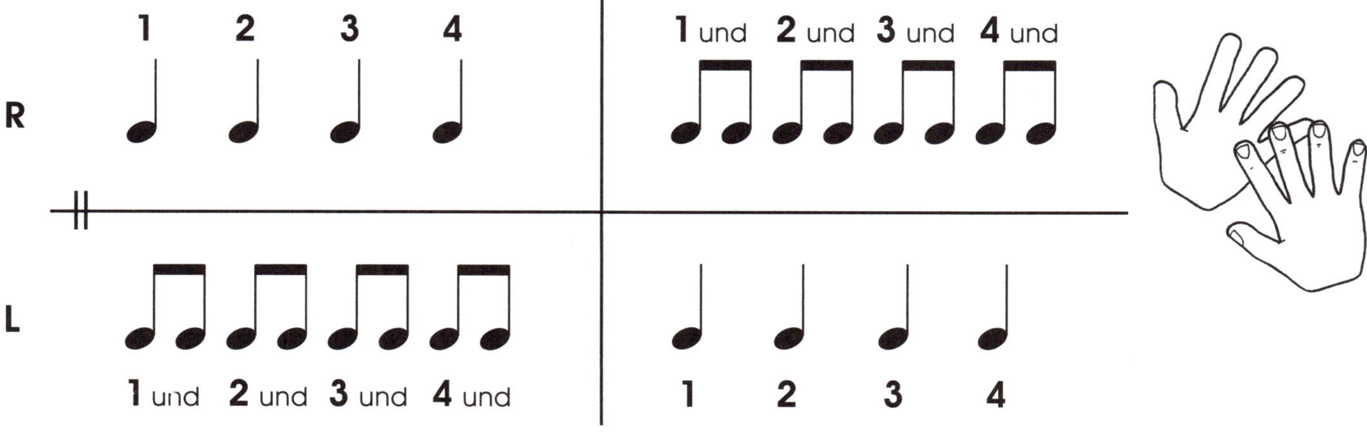

Tock, tock

Der Specht klopft eine fröhliche Holzmusik. Nimm dir zwei Hölzchen und versuche es auch!

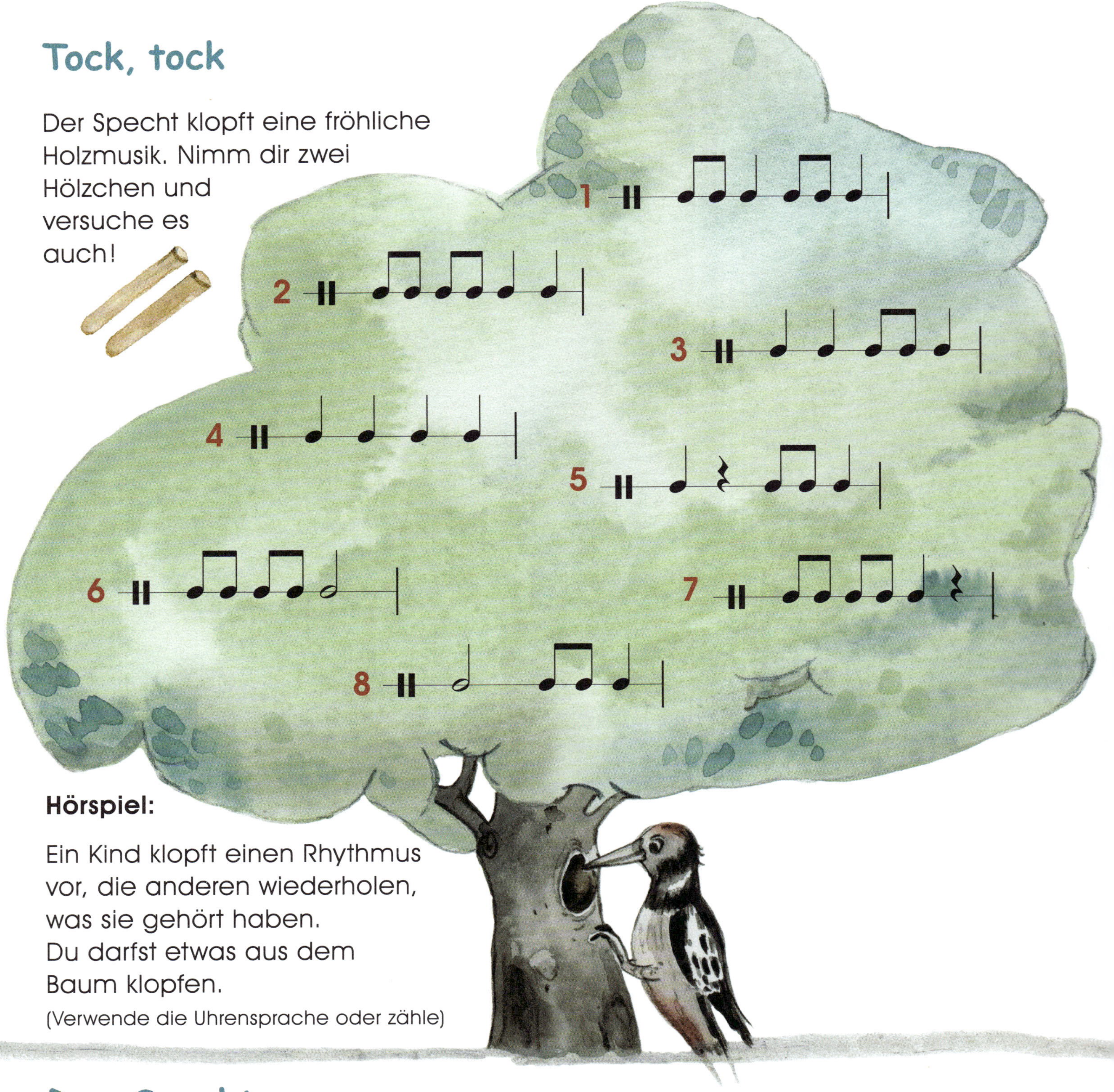

1
2
3
4
5
6
7
8

Hörspiel:

Ein Kind klopft einen Rhythmus vor, die anderen wiederholen, was sie gehört haben.
Du darfst etwas aus dem Baum klopfen.
(Verwende die Uhrensprache oder zähle)

Der Specht

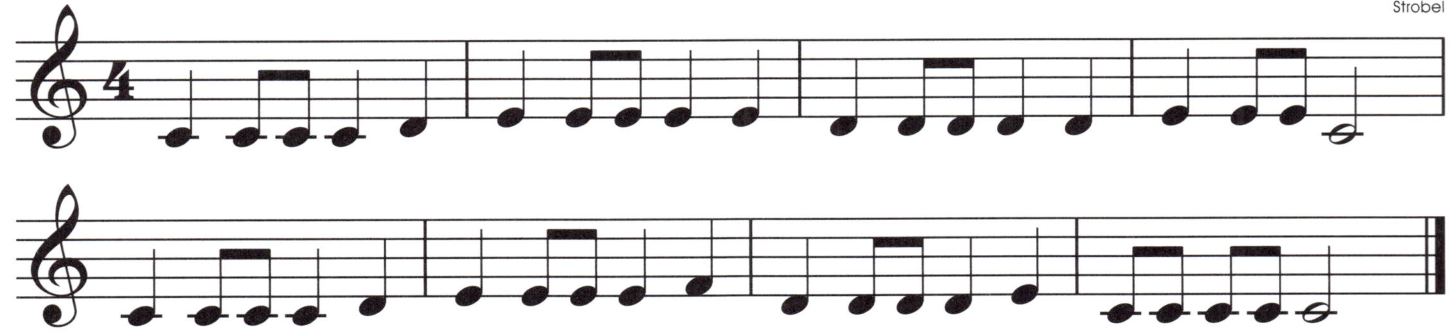

Tipp: Spiele mit lockerem Handgelenk!

Der Kuckuck und der Esel

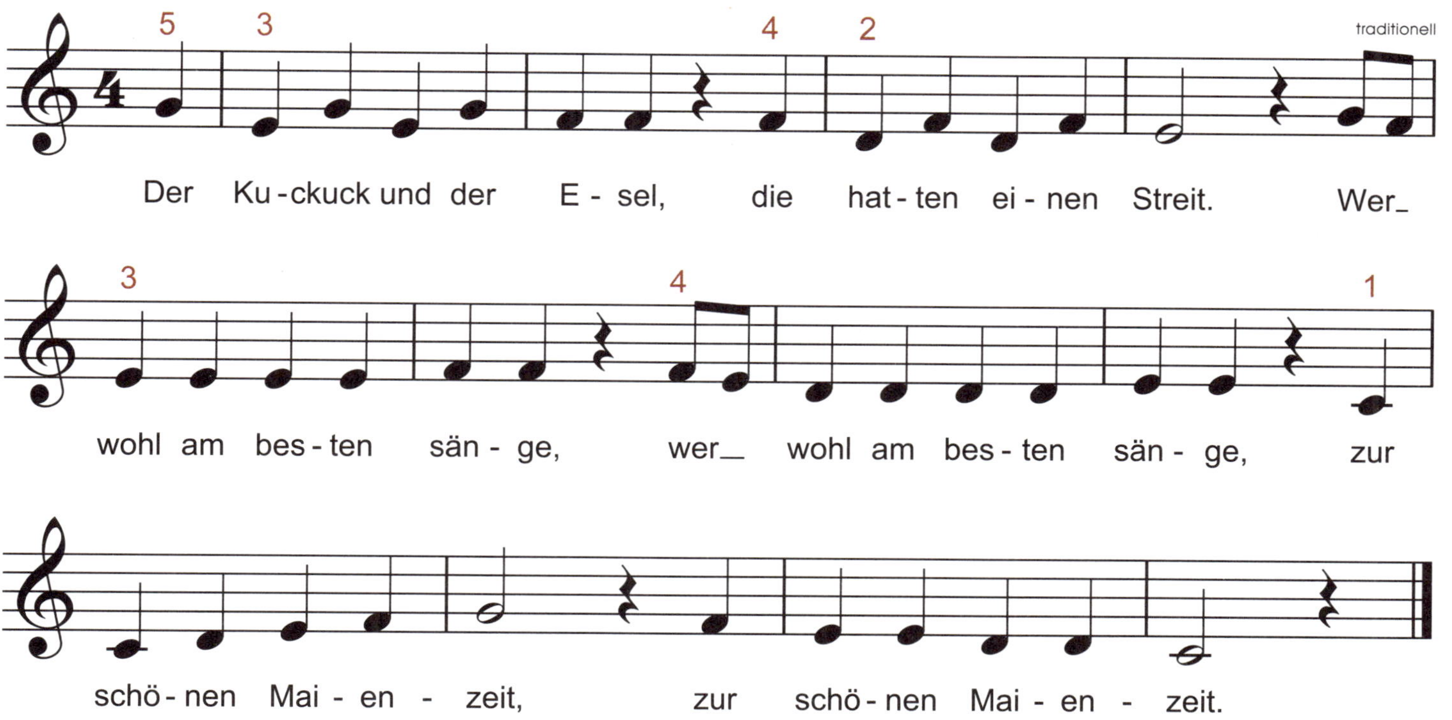

Ein Vogel wollte Hochzeit machen

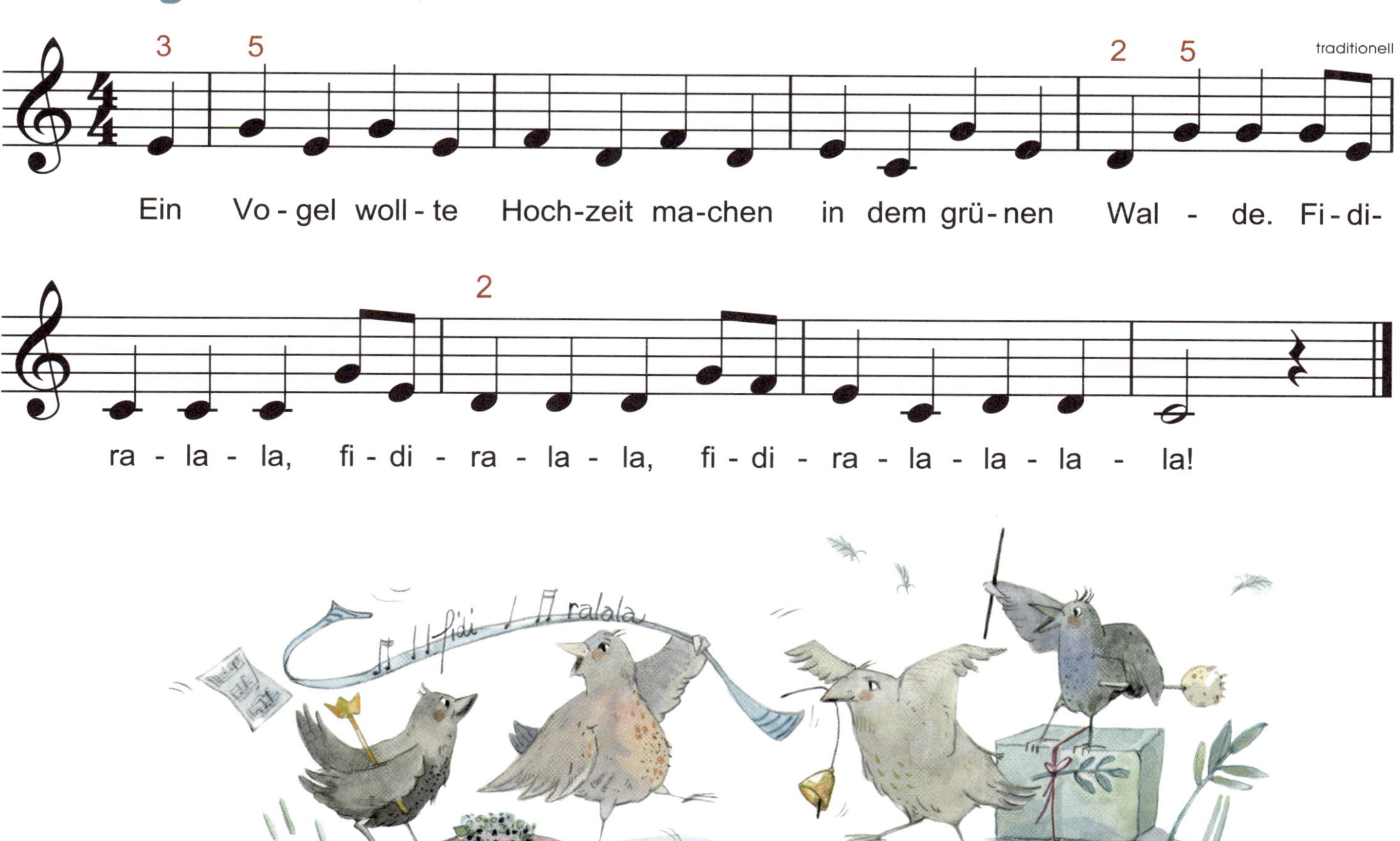

Kleine Tanzmusik

Schuh

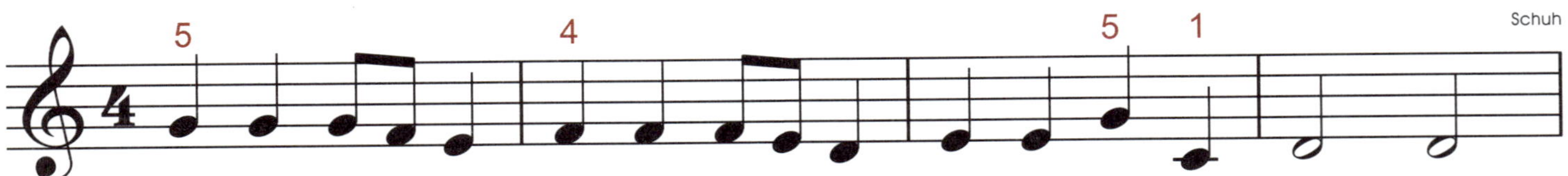

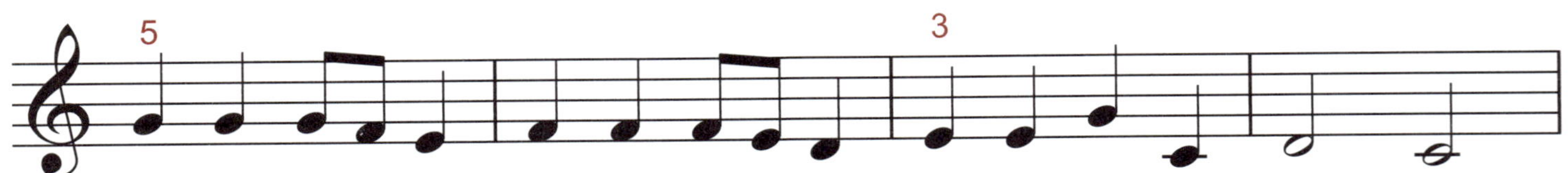

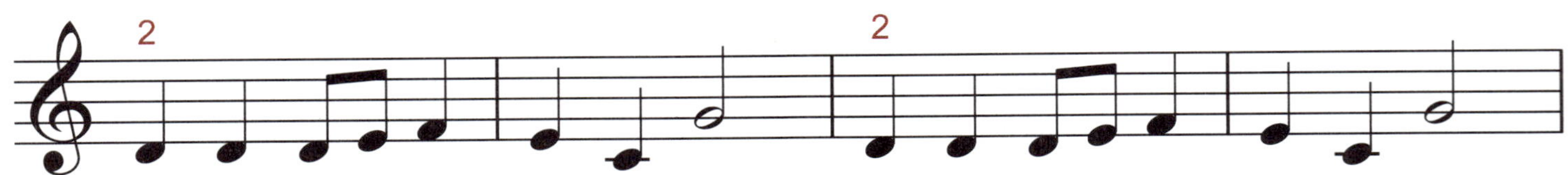

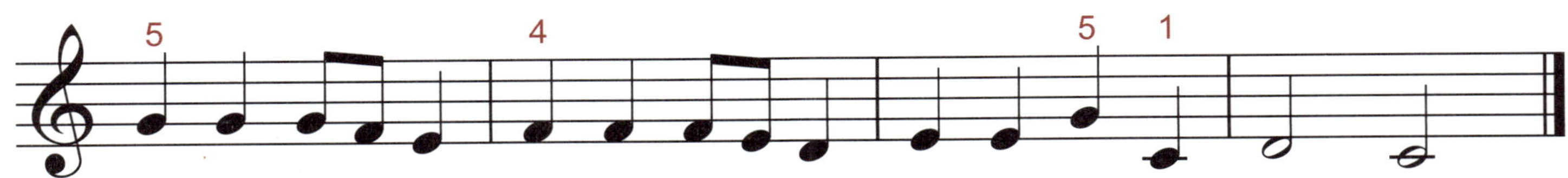

Findest du diese Takte oben im Lied?
Kreise sie farbig ein!

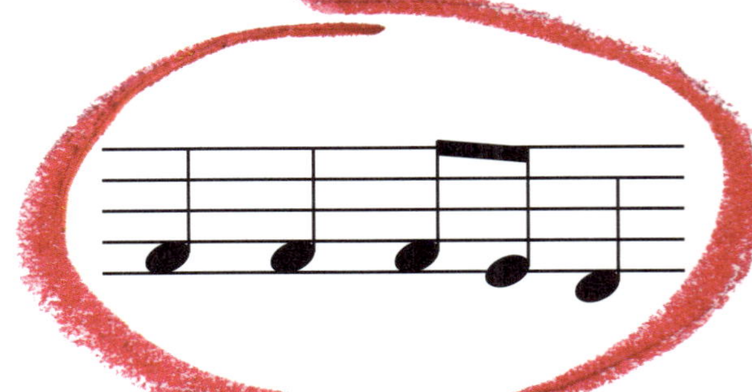

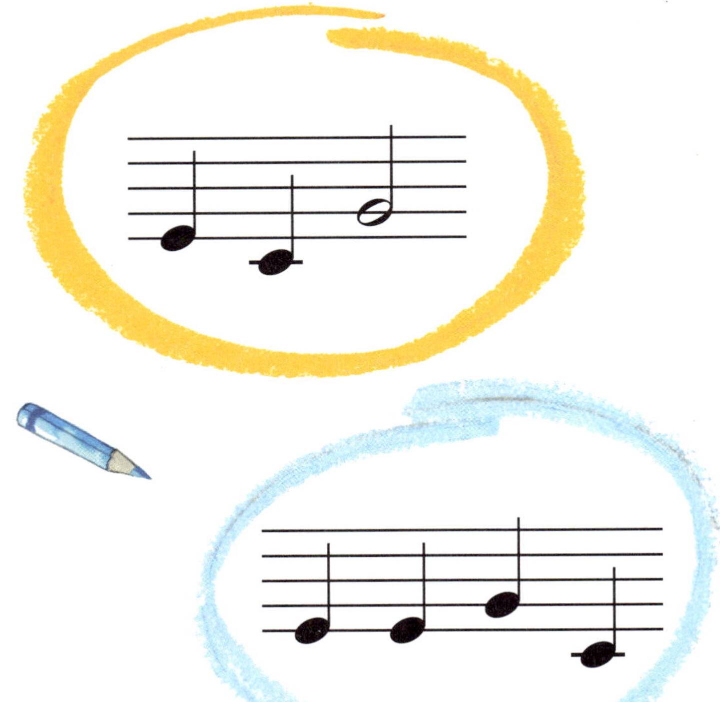

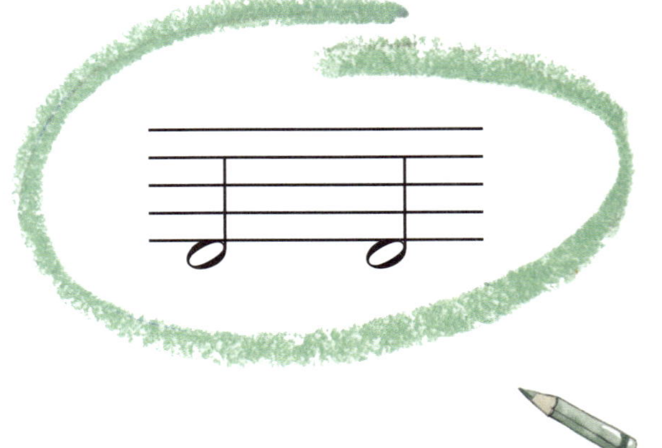

Hurra, jetzt kommt das A

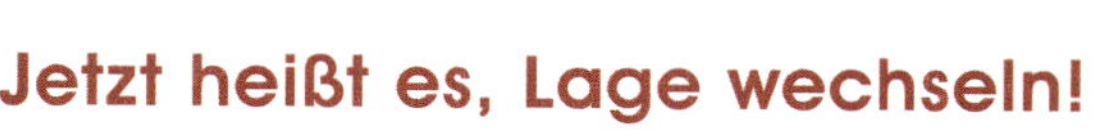

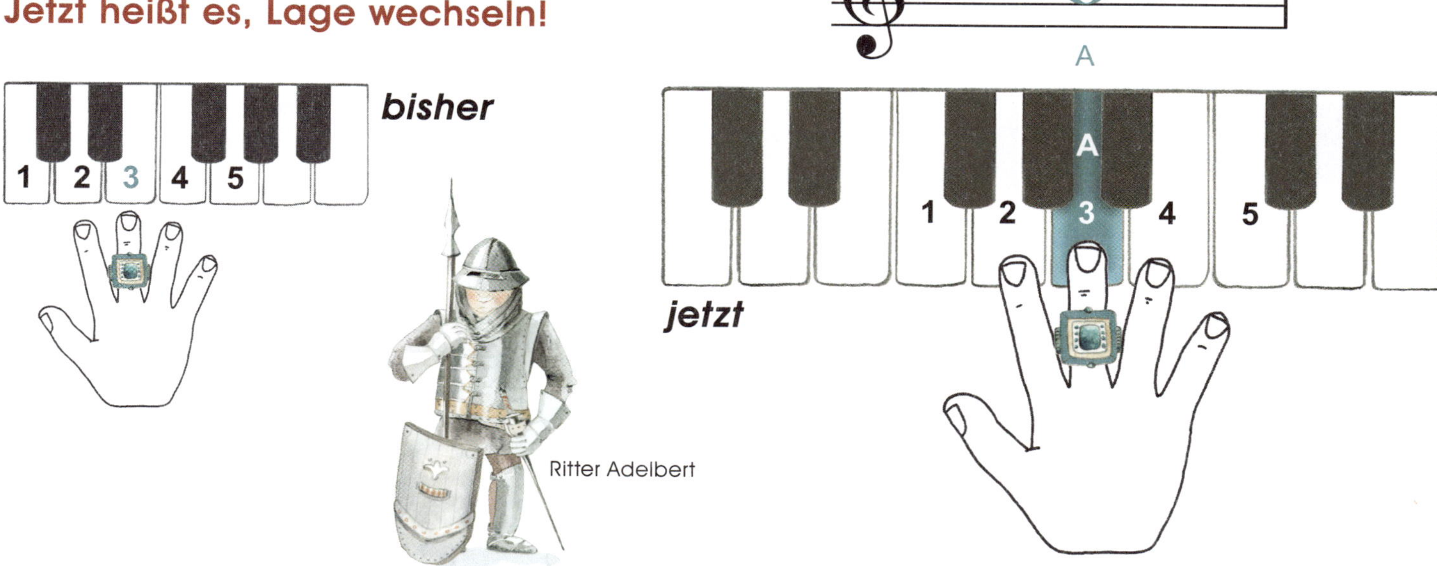

Ritter Adelbert

Jetzt liegt der Daumen auf dem „F", er hat seine Lage gewechselt: Lagewechsel

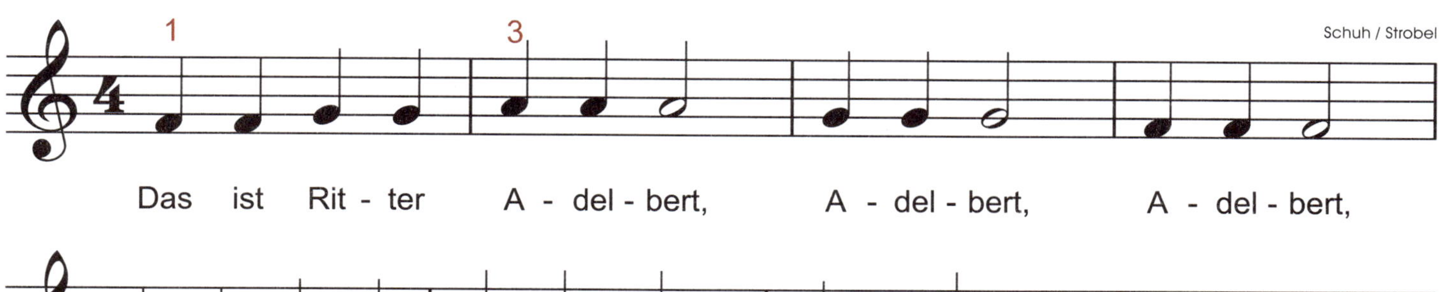

Das ist Rit - ter A - del - bert, A - del - bert, A - del - bert,

trägt ganz stolz sein Schild und Schwert, Schild und Schwert.

Schreibe Note A!

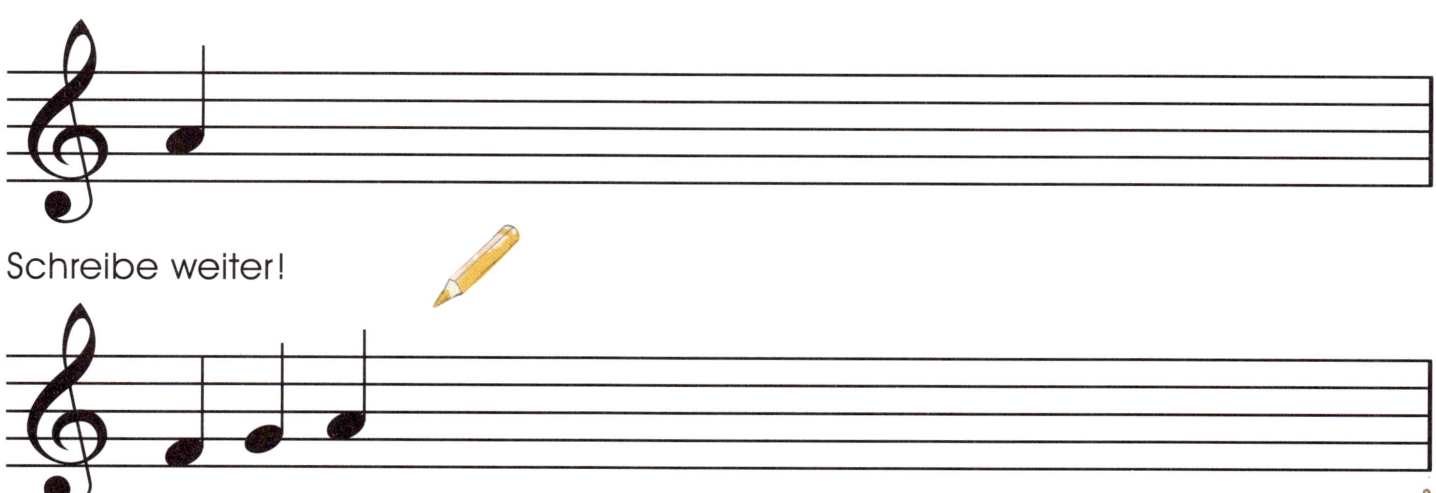

Schreibe weiter!

Fingergymnastik auf dem Tisch

Probiere die Fingergymnastik auf dieser Vorlage aus!
Der Klebefinger bleibt auf dem Papier, der Turnfinger bewegt sich.

1.

Klebefinger

1 3 1 Turnfinger

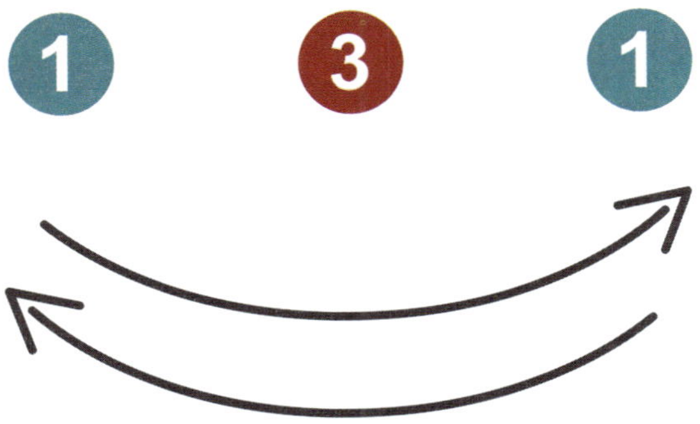

Untersetzen

2. **Übersetzen**

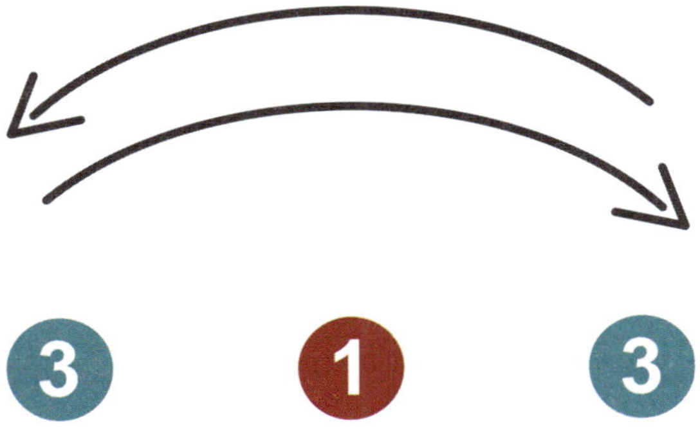

3 1 3 Turnfinger

Klebefinger

3.

Ziel ←

1 2 3 1 2 3

Start →

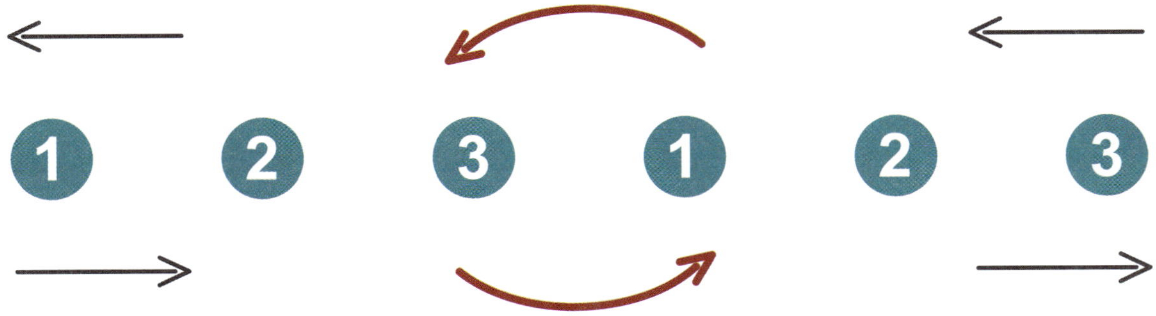

Geschickte Finger

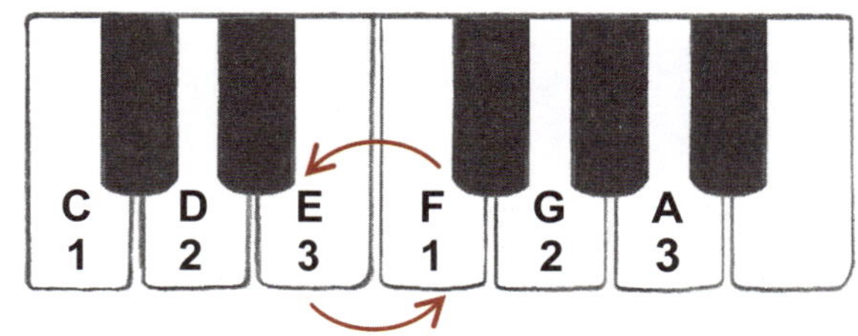

Fingerübung

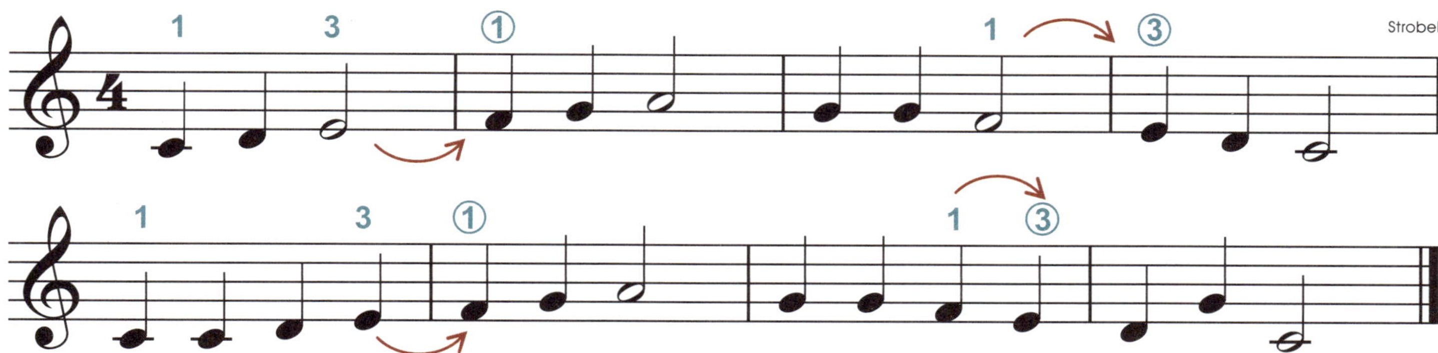

Alle meine Entchen

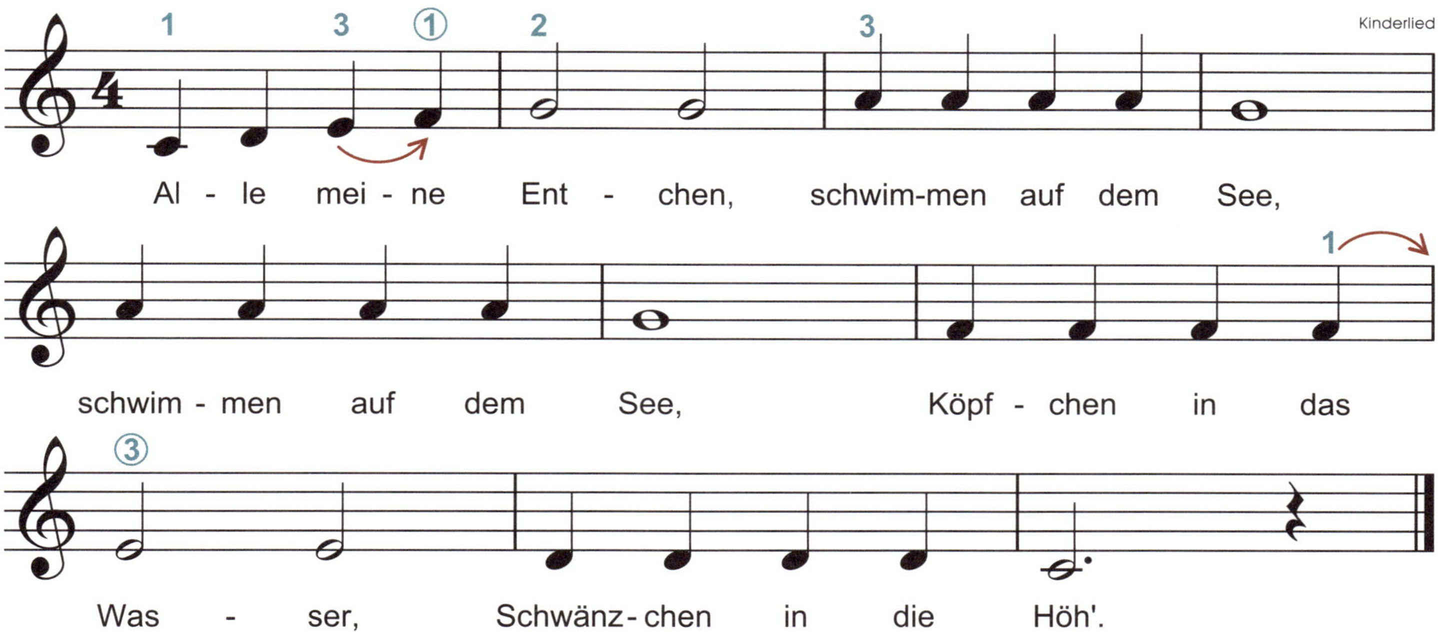

Es regnet ohne Unterlass

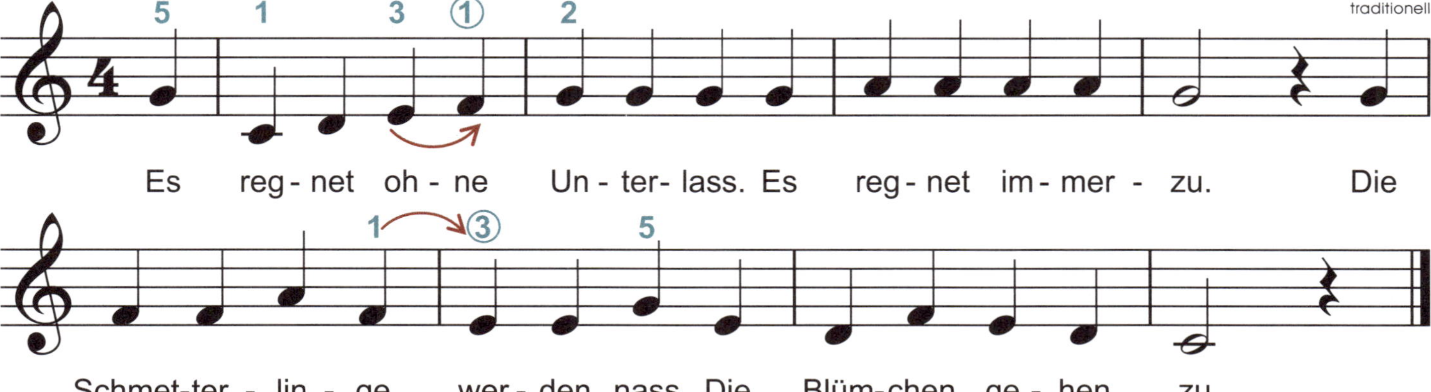

Neue Note H

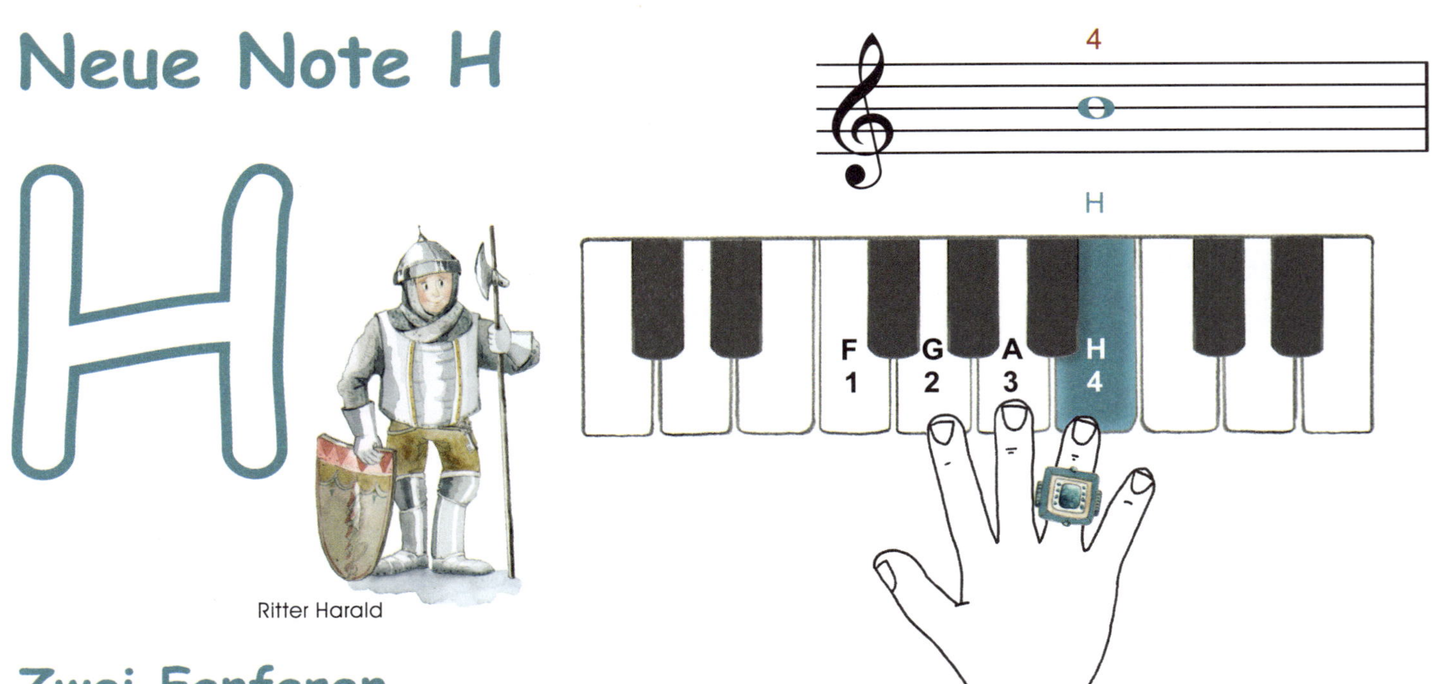

Zwei Fanfaren

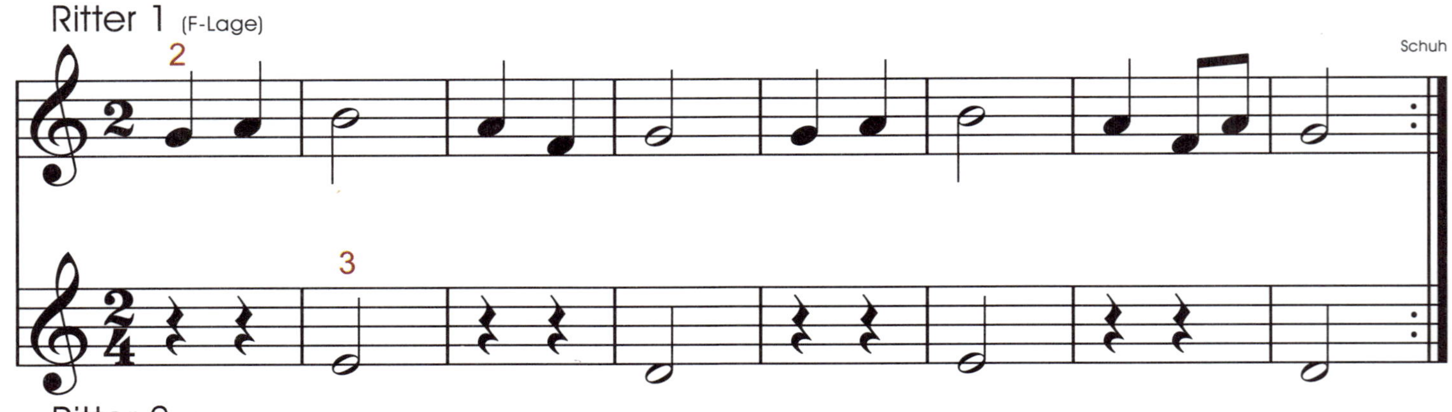

Schreibe weiter!

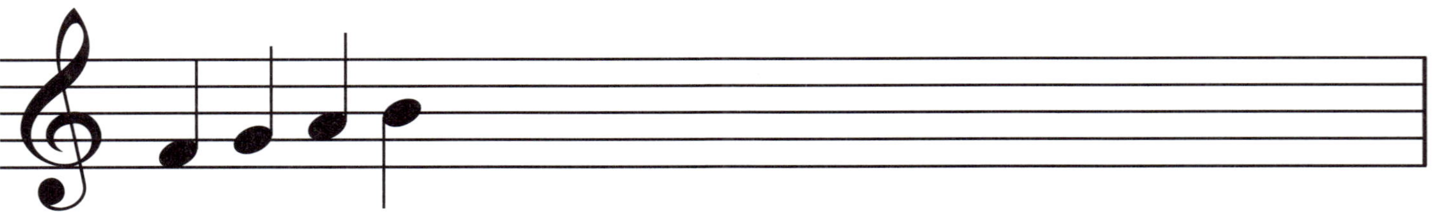

Fingergymnastik auf dem Tisch

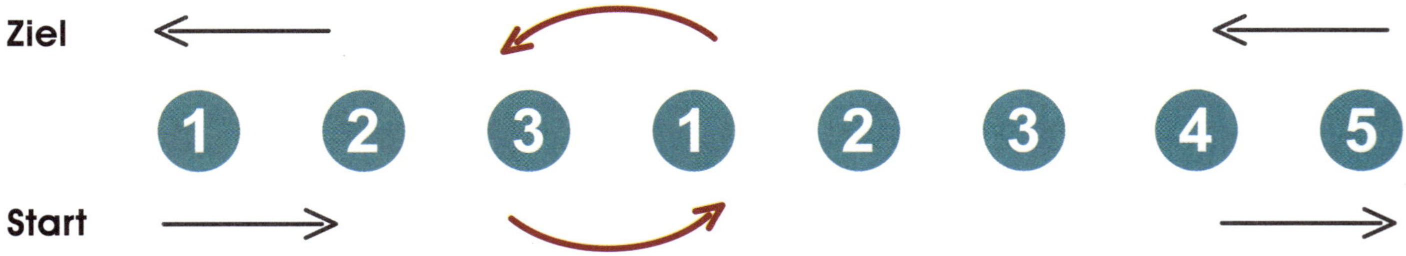

Hoppla, noch ein C, jetzt sind es 8 Töne!

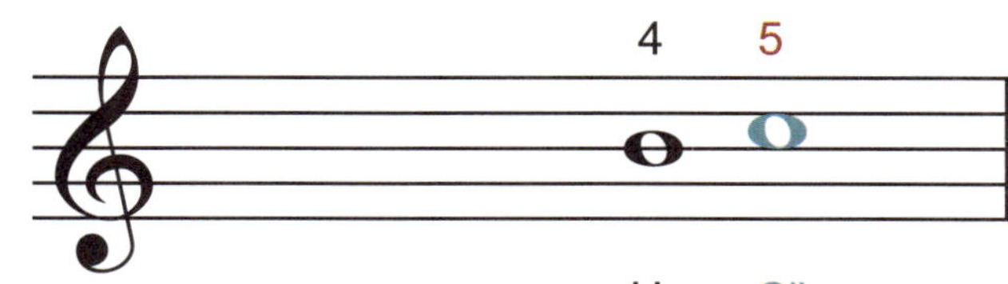

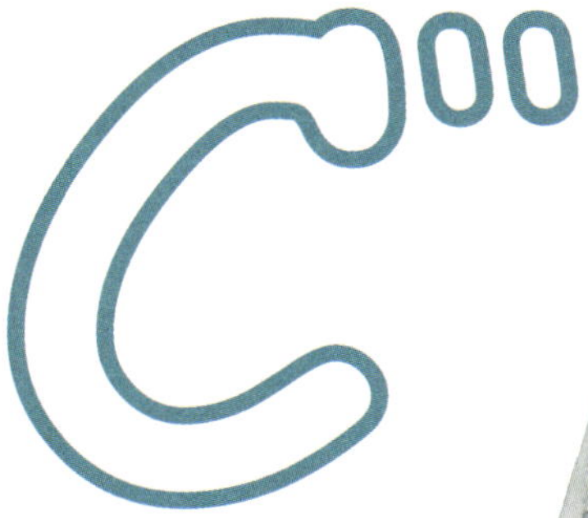

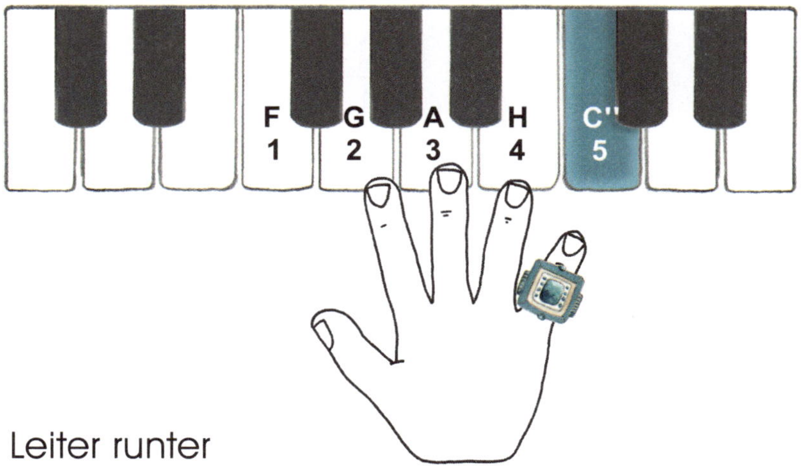

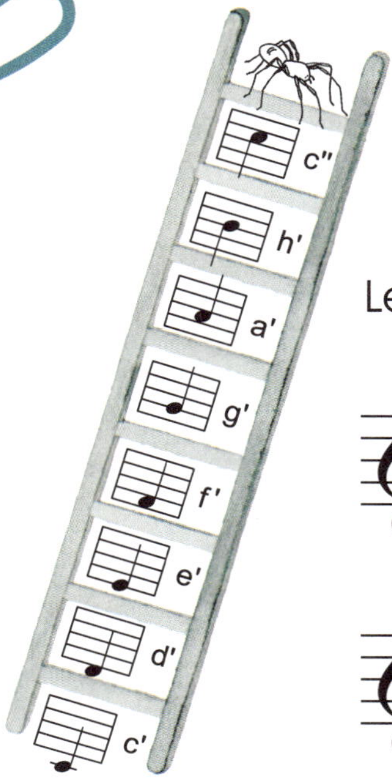

C''

F G A H C''
1 2 3 4 5

c'' h' a' g' f' e' d' c'

Leiter rauf, Leiter runter

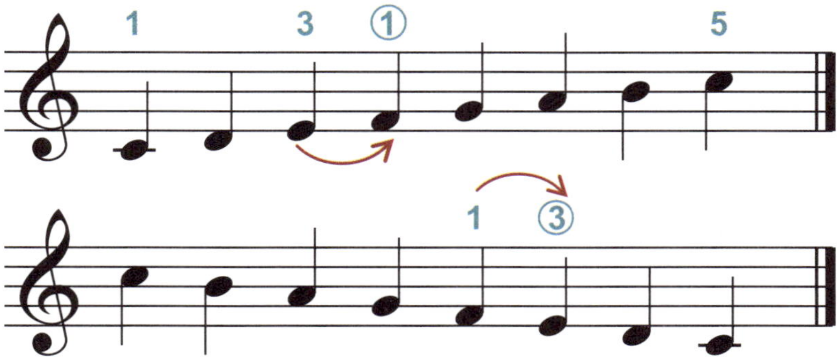

1 3 ① 5

1 ③

Die Wochentage

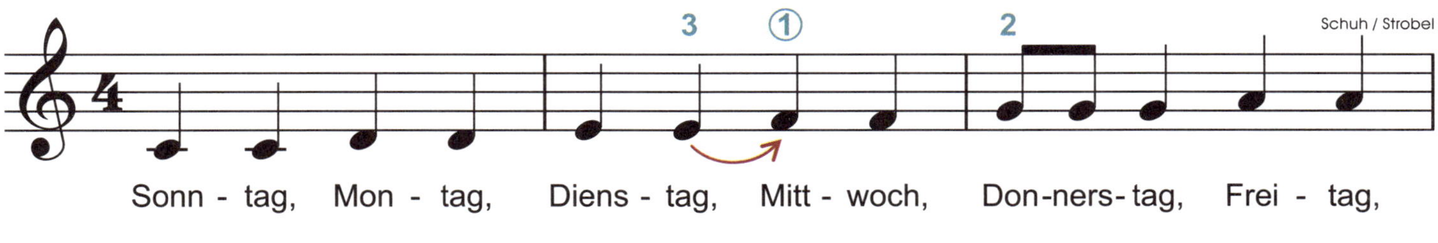

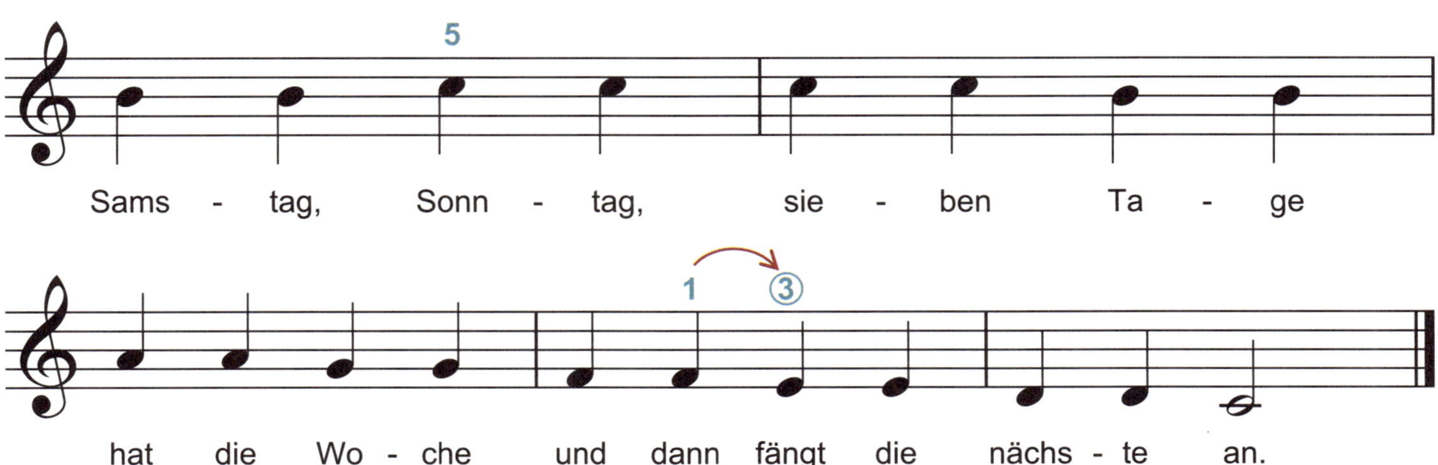

Geburtstagswalzer

Schuh

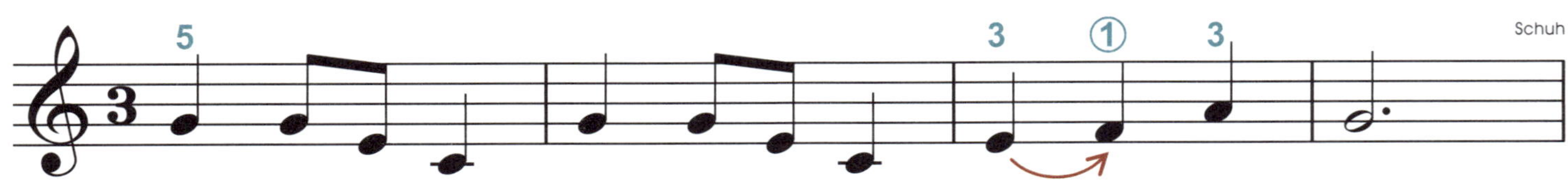

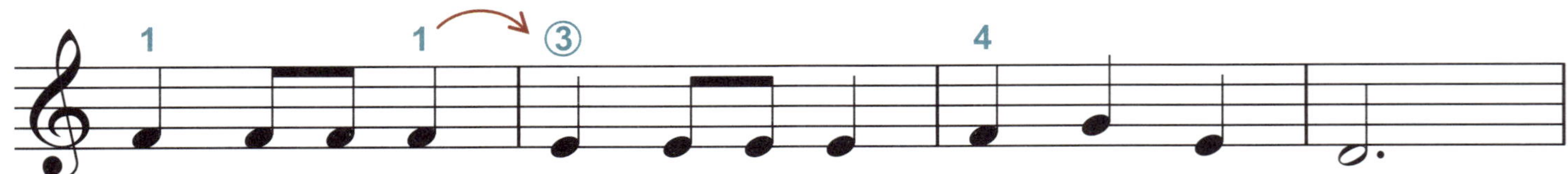

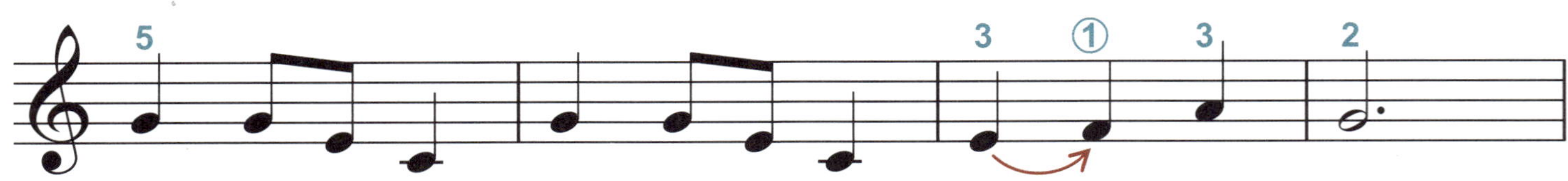

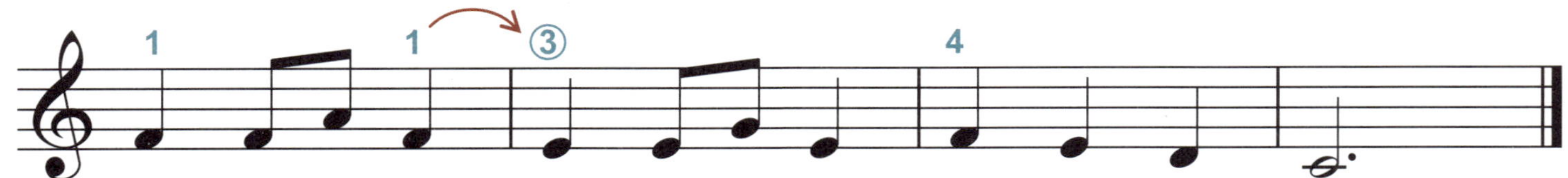

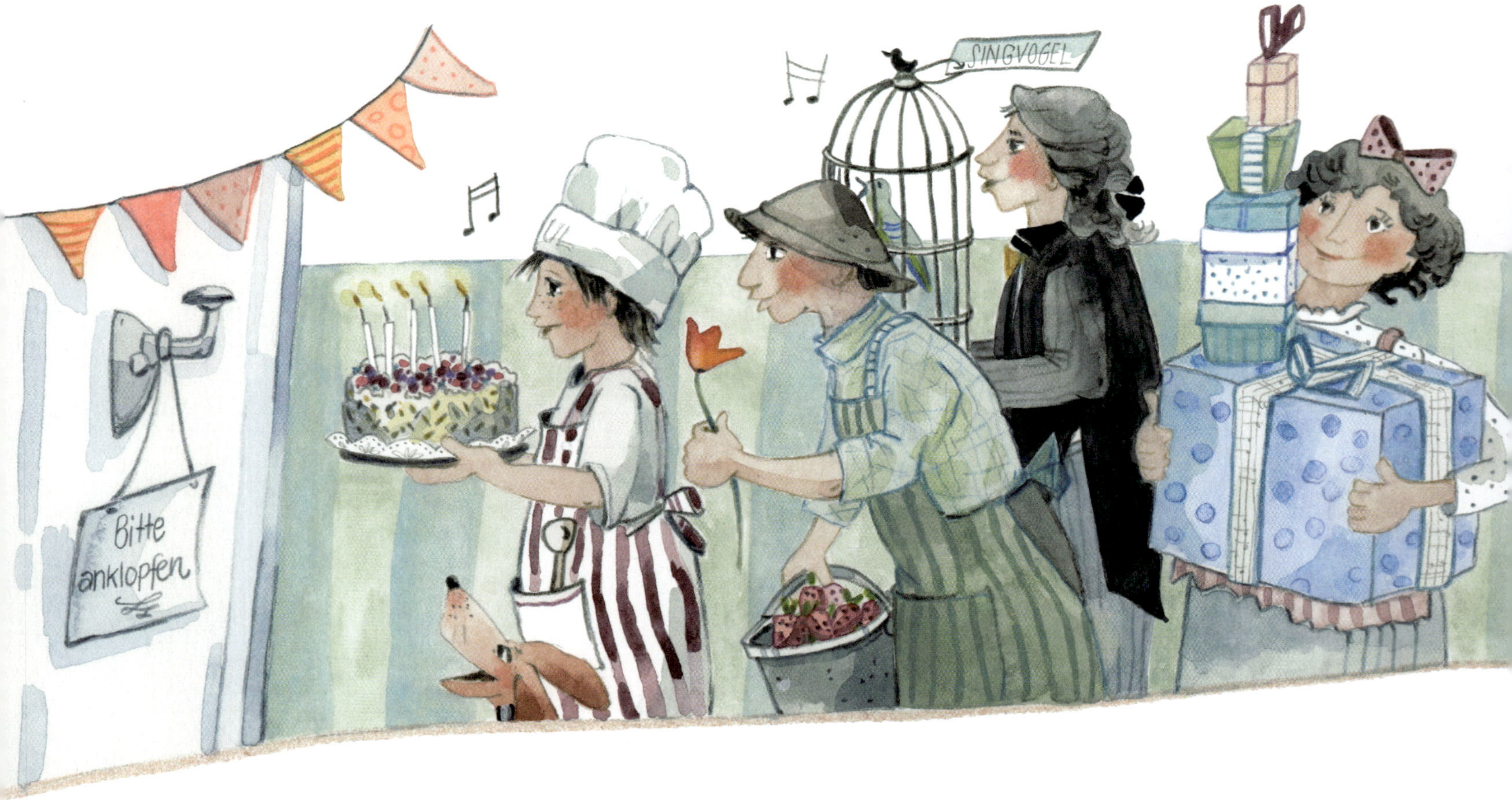

Herzlichen Glückwunsch

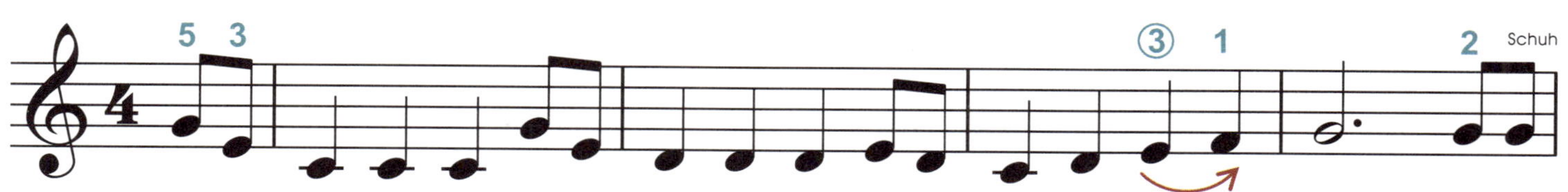

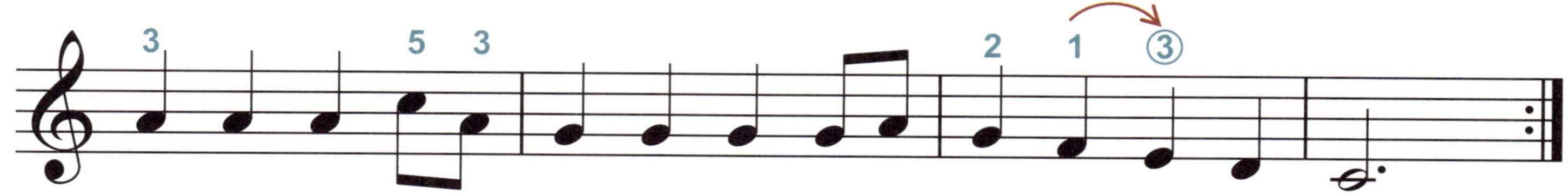

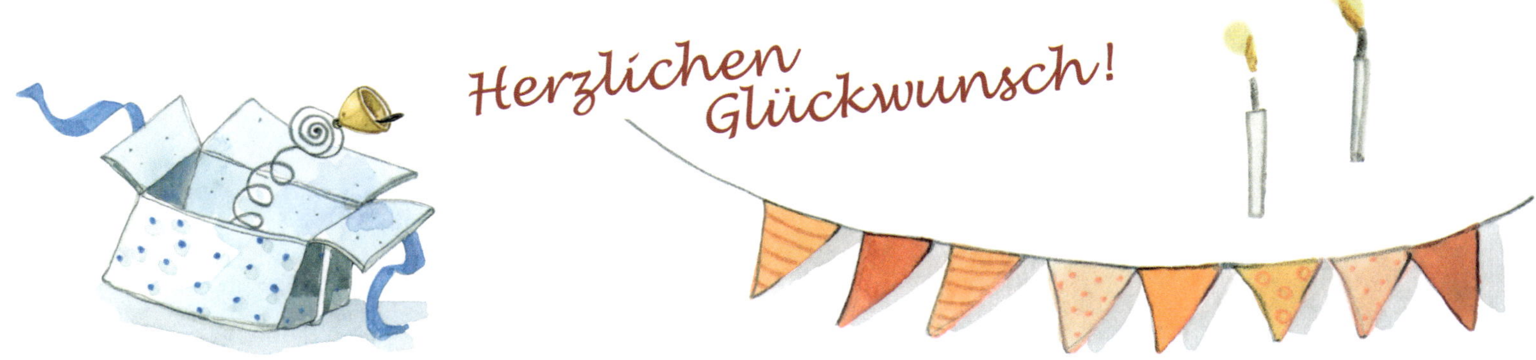

Viel Glück

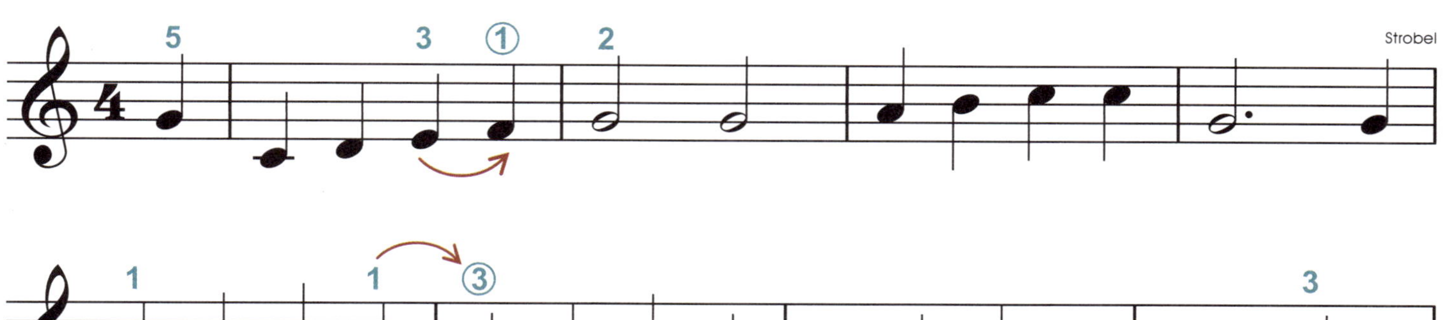

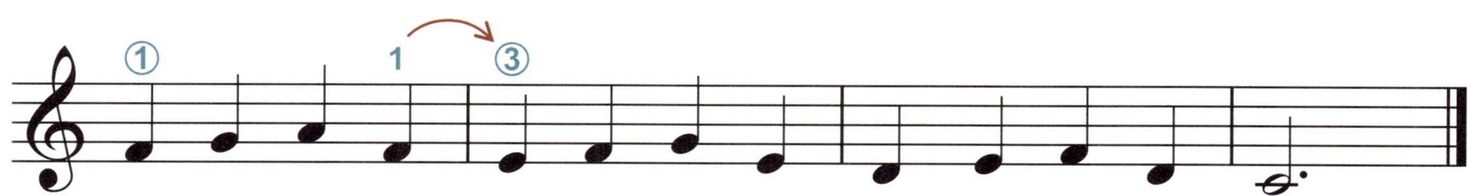

Die Geburtstagstorte

kann geteilt werden ...

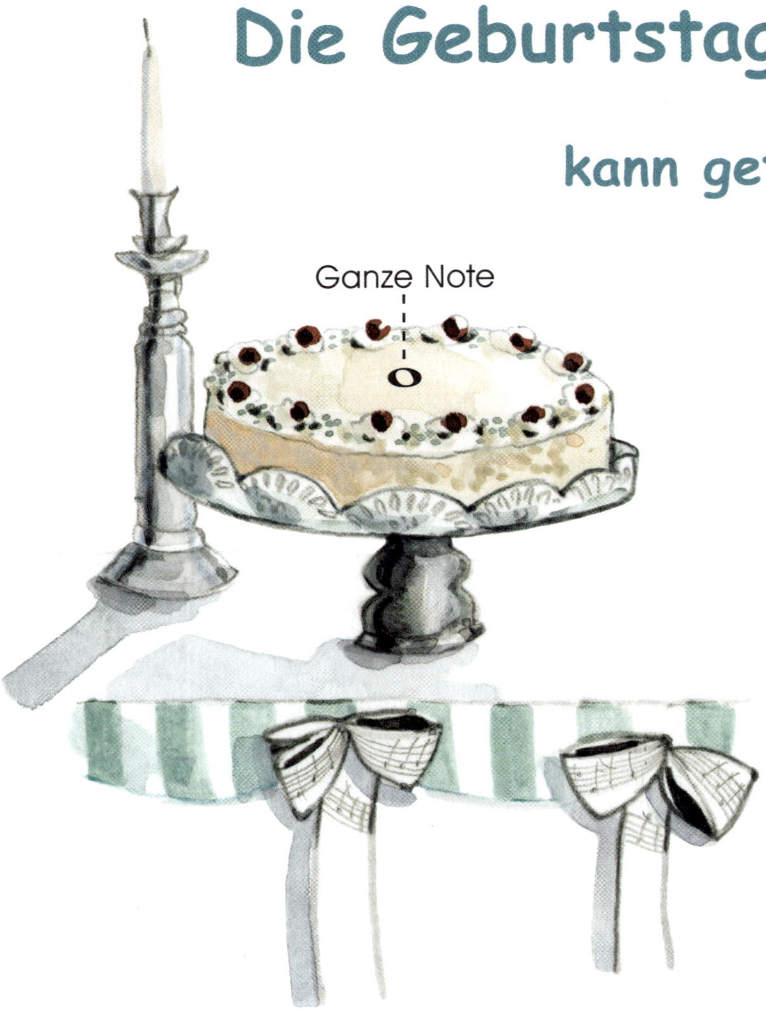

Ganze Note

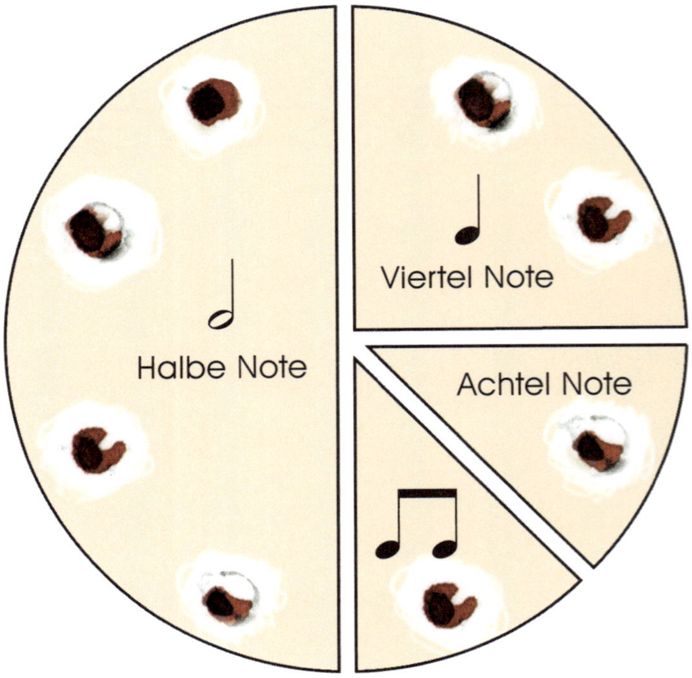

Halbe Note

Viertel Note

Achtel Note

... wie unsere Notenwerte!

1	2	3	4	
𝅝				Ganze Note
𝅗𝅥		𝅗𝅥		Halbe Noten
♩	♩	♩	♩	Viertel Noten
♫	♫	♫	♫	Achtel Noten

INHALTSVERZEICHNIS